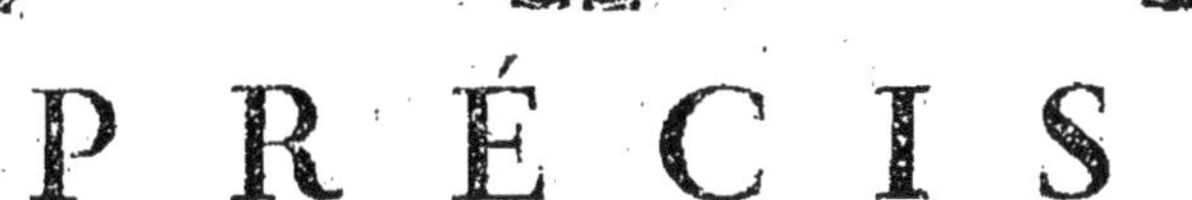

PRÉCIS
HISTORIQUE
SUR LE Cte DE VAIR,

Commandant les Volontaires de l'Armée.

PAR UN MAJOR DE CAVALERIE.

Pourquoi nous renfermer dans l'usage de ne célébrer après leur mort que ceux qui ayant été donnés en spectacle au monde par leur élévation, ont été fatigués d'encens pendant leur vie?
VOLT. Elog. Fun. des Offi.

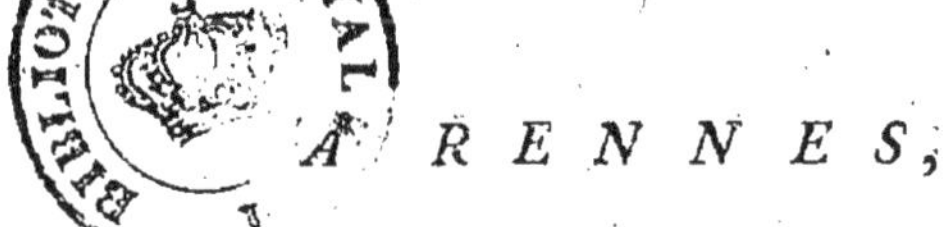

A RENNES,

M. DCC. LXXXII.
Avec Permission.

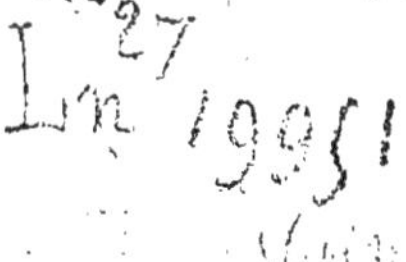

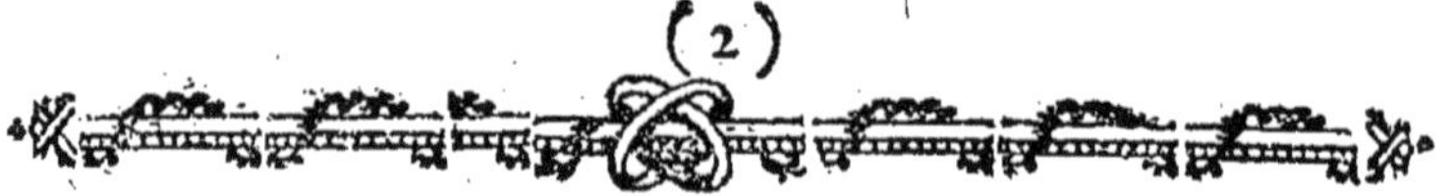

ÉPITRE DÉDICATOIRE.

A LEURS ALTESSES SÉRÉNISSIMES,

MESSEIGNEURS

*Les Ducs de V*** de M*** & Comte de B***,*

MESSEIGNEURS,

LES grands exemples héréditaires dans toutes les Branches de la premiere des Maisons Souveraines, la surveillance éclairée des augustes Auteurs de vos jours, les excellentes leçons de vos sages Instituteurs, doivent accélérer le développement heureux des hautes qualités que la France a droit d'exiger de ses Princes, & dont la nature vous a donné le germe.

Imbus de bonne heure des obligations de l'humanité dans toutes les classes, instruits des lumieres & des services que la Patrie attend de vous, appellés par votre naissance au commandement des Armées, vous étudierez un jour, MESSEIGNEURS, ce grand Art que la Philosophie rejette comme moyen de destruction, qu'elle révere comme moyen de conservation, l'Art profond & brillant qui procura la Victoire de Montcassel (*) & la Conquête de Lerida (**). Et dans l'âge où vous apprendrez les noms chéris & les exploits immortels des deux Généraux qui remporterent ces glorieux avantages, les connoissances historiques & morales que vous ne manquerez pas d'acquérir en même-temps, vous convaincront qu'aucun éloge ne les auroit plus flattés que celui qu'a reçu de nos jours le Prince Henri de Prusse: HÉROS HUMAIN, QUI DÉTESTE LA GUERRE, ET QUI LA FAIT SUPÉRIEUREMENT.

Vous ne pourrez ignorer non plus, MESSEIGNEURS, que l'incorruptible postérité juge les hommes indépendamment de leurs titres; qu'elle porte un examen sévere sur chacun de

---

(*) 1677.
(**) 1707.

ceux qui ont brillé par le rang, la puiſſance ou la réputation. C'eſt elle qui a dit que les Armées Françoiſes euſſent été mieux conduites non-ſeulement par le Lieutenant-Général Feuquieres, mais par le ſimple Meſtre-de-Camp Folard, que par ces Maréchaux qui remplirent l'Italie, la Flandre & l'Allemagne de leurs trophées, à la maniere dont Aratus rempliſſoit des ſiens tout le Péloponeſe. Encore le ſage Polybe vous apprendra-t-il, MESSEIGNEURS, que le Chef des Achéens rachetoit ſes défaites par des qualités que n'eurent point la plupart de ces Hommes de Cour qui ſe crurent des Hommes de Guerre ou des Hommes d'Etat. C'eſt la poſtérité, MESSEIGNEURS, qui répand le plus beau luſtre ſur ceux qui ont annobli par leurs vertus, leurs actions ou leurs talens, des emplois inférieurs ou obſcurs; tandis qu'elle couvre de ténebres épaiſſes la mémoire de celui qui n'aura pas juſtifié par ſon mérite le haſard ou la faveur de ſon élévation.

L'Officier dont j'oſe dédier l'Hiſtoire à vos Alteſſes Séréniſſimes, fut arrêté preſque au début de ſa carriere, par une mort digne de le conſerver dans le ſouvenir du Militaire François, quand même la plus noble partie de lui-même ne vivroit pas encore dans un livre utile de ſa compoſition. Son éloge fut ſouvent prononcé par le Vainqueur de Sunderſhauſe, de Corback & de Berghen, proportionnellement & à peu près (autant que la comparaiſon peut s'admettre), comme celui d'un ſimple Paſteur (*) vient de l'être par un Prélat éloquent. De tout temps les grands Généraux ont reverſé quelque parcelle de leur gloire ſur les Coppérateurs ſubalternes qui ont le mieux exécuté leurs plans & eurs ordres.

Quand le jour ſera venu, MESSEIGNEURS, où vous me ferez l'honneur de me lire, je déſire vivement que cette Epitre, qui ne ſeroit jamais aſſez courte aujourd'hui ſuivant la forme, ne vous paroiſſe pas alors trop longue, même quant au fond. Vos bontés encouragent mes efforts; vos cœurs reconnoîtront mes intentions; votre eſprit m'accordera de l'indulgence. Un bienfait inſigne de Monſeigneur le Duc d'O***, dont l'ame n'eſt pas moins élevée que ſa

____

(*) Oraiſon Funébre du Curé de S. André-des-Arcs, par M. l'Evêque de Sénez.

naiſſance, m'a pénétré, MESSEIGNEURS, du devouement le plus pur & le plus ſincere pour ſon Auguſté Perſonne, & pour tout ſon Sang. Daignez agréer l'hommage public que je prends la liberté de vous rendre, comme l'aſſurance inviolable des ſentimens que j'ai cru les plus dignes de vous être offerts, comme le gage d'un zele auſſi exempt d'adulation que de tiédeur. Les Princes qui goûtent la vérité s'honorent encore plus que les Particuliers qui la diſent. Heureux ceux dont elle fait l'éloge de leur vivant! mais leur modeſtie m'ordonne le ſilence.

Je ſuis avec un très-profond reſpect,

MESSEIGNEURS,

De vos ALTESSES SÉRÉNISSIMES,

Le très-humble & trés-obéiſſant Serviteur, C. G. T***

Décembre 1781

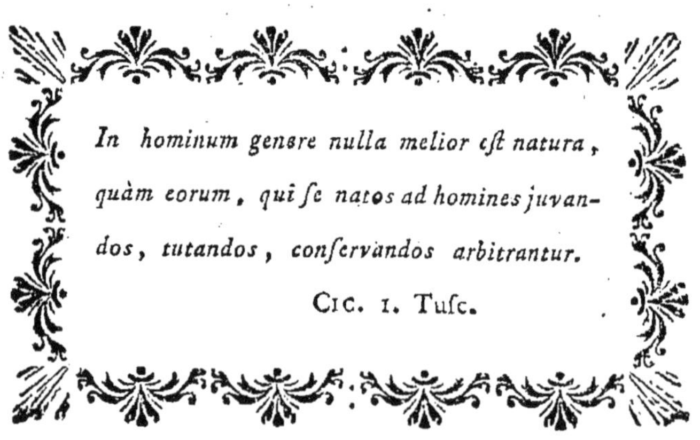

In hominum genere nulla melior eſt natura, quàm eorum, qui ſe natos ad homines juvandos, tutandos, conſervandos arbitrantur.

CIC. 1. Tuſc.

AVERTISSEMENT.

'A la tête d'un Opuscule de ce genre, nous croyons pouvoir transcrire les dernieres pages d'un livre que nous publiâmes en 1772, sur plusieurs articles de Littérature, d'Histoire, de Politique, de Morale & de Guerre.

NOUS avons conseillé l'étude & l'instruction en général aux Militaires, sans prétendre les assimiler à ce Gouverneur impertinent & ridicule, qui, suivant le rapport du Chevalier de Folard, passoit à des conversations Rabbiniques le temps qu'il auroit dû employer à mettre sa place en état de défense.

Nous avons loué Périclés comme Homme de Lettres & Général ; mais nous avons gardé le silence sur sa politique, qui marquoit plus l'activité de son génie, l'habileté de ses talens & l'étendue de son ambition, que la droiture de ses lumieres, la bonté de ses ressources, & la pureté de ses intentions. Voyez les *Observations sur les Grecs*, par M. l'Abbé de Mably, dont tous les ouvrages respirent la sagesse & l'humanité, quoique dans celui-ci, comme dans les *Entretiens de Phocion*, il n'ait peut-être pas assez respecté la mémoire du Législateur d'Athenes.

Nous avons cité Lucullus comme un exemple frappant de ce dont est capable un esprit supérieur, aidé de la seule Théorie. Mais cet exemple est très-rare, & nous en fournirions mille de bons Généraux formés par la seule expérience. Si le premier est fait pour exciter l'émulation & l'admiration, il n'autorisera jamais ces airs insoutenables de suffisance & de présomption, avec lesquels de jeunes apprentifs, à peine revêtus de l'uniforme, osent, dès qu'ils ont feuilleté un Auteur Militaire, & vu exécuter un quart de conversion, parler, décider, trancher sur les questions les plus épineuses, sur les matieres les plus délicates de leur état. Plusieurs raisonnent & se conduisent d'une maniere aussi contraire à la politesse qu'au sçavoir : & la vaine parade qu'ils font de leur demi-science attire bien des calomnies & d'injustes procès à la véritable instruction.

Qu'ils apprennent donc que la Théorie & la Pratique font les deux yeux de la guerre, & que celui qui manque de l'un ou de l'autre ne peut faire que des observations imparfaites, & donner que des préceptes peu surs ; qu'à plus forte raison de jeunes aveugles, tels qu'ils sont encore, doivent se défier infiniment d'eux-mêmes. On sçait qu'un Militaire distingué à écrit qu'il confieroit plutôt l'exécution d'une entreprise à un jeune Théoricien studieux qu'à un vieux Guerrier qui n'auroit que la routine. On n'ignore pas non plus que le Maréchal de Lowendal consultoit souvent à Berg-op-zoom un Officier qui voyoit son premier siége. On n'oublie pas enfin que les Livres de M. Guischard ont été payés d'un Régiment par ce Roi Général, Ecrivain & Législateur, duquel on a dit comme de César, *eodem animo scripsit, quo debellavit*. Mais on n'en doit pas moins souscrire à ce passage, tiré des *Elémens Militaires*, de M. Cugnot,

(Tom. fecond, nᵒ. 210,) « Les progrès que l'on fait dans un Art
» par la Théorie, font plus rapides & plus brillans; ceux que l'on
» fait par la Pratique font plus lents, mais plus folides…. Les Offi-
» ciers qui n'ont que de la pratique ne font bons ordinairement
» que pour les détails ; ceux qui n'ont vu que des livres réuffif-
» fent rarement, même dans les plus petites chofes ».

Difcite juftitiam moniti. VIRG.

Machiavel a donné d'excellens préceptes fur un art qu'il n'a point
exercé. Ainfi l'avoient pratiqué Elien chez les Grecs, & Végece
dans l'empire Romain ; ainfi de nos jours & chez nous M. Andreu
de Biliftein, fans avoir fervi, a publié des *Inftitutions Militaires*,
dans lefquelles les connoiffeurs ont trouvé plus d'une vue neuve &
utile, plus d'une idée ingénieufe & jufte, plus d'une obfervation
vive & lumineufe. M. l'Abbé Deidier nous a facilité l'intelligence
des combinaifons de Pagan, Cohorn & Vauban, comme M. d'Origny,
Chevalier de Saint Louis, nous a facilité depuis la connoiffance
des Antiquités Egyptiennes. Monfieur Rollin, qui peut-être
n'avoit jamais vu ni places fortes ni troupes fous les armes, a traité
pertinemment l'article de la Science militaire, fans autre fecours
que celui des bons confeils & des lectures choifies & bien digérées.
Ceux qui ont juftement loué le Magiftrat de Douay, lequel dans
un temps de crife confeilla l'attaque de Denain, auroient pu nous
reprocher le défaut, mais non le genre de fpéculations que nous
fîmes nous même, lors d'une crife d'une autre efpéce, fur un état
abfolument étranger au nôtre.

Ciceron, qui fauva fa patrie, comme Conful & comme Orateur,
n'a-t-il pas établi, démontré, dans fes écrits comme dans fa conduite, la connexion de tous les Arts, de toutes les Sciences? Cependant, Jeune Obfervateur, gardez-vous de prononcer témérai-
rement entre les anciens & les nouveaux fyftêmes ; défiez-vous en tactique & en fortification, comme en Politique & en Philofophie, de
toute opinion exclufive, & fongez qu'en tout genre, l'éclectifme,
c'eft-à-dire la liberté de modifier & de choifir, eft peut-être le meilleur parti. Par le foin avec lequel vous ne donnerez à chaque chofe
que le degré d'importance qui lui convient, en évitant l'ennui
des lieux communs, les paradoxes outrés & révoltans, le ton dog-
matique & impérieux, vous vous fouftrairez à la critique fenfée
que M. le Chevalier de Châtelux fait de ces hommes plus avan-
tageux qu'inftruits, lefquels fe mêlent d'écrire fur leur métier,
au lieu de le faire. Mais lorfque vos feuilles gémiront fous la preffe,
ne croirez-vous pas, s'il m'eft permis de jouer fur le mot, preffen-
tir des gémiffemens pour vous même, & ne ferez-vous point frappé
comme de l'éclair, en relifant ce paffage de l'*Art de la Guerre* du
Maréchal de Puyfégur. « Lorfqu'on eft dans les emplois inférieurs
» & qu'on veut mettre au jour les connoiffances qu'on a acquifes,
» on trouve parmi fes Supérieurs nombre de gens qui s'en offen-
» fent. La modeftie alors & les égards qu'on doit aux perfonnes de
» mérite, d'ailleurs élevées en dignités, impofent filence ; ceux qui
» voudroient le rompre ne s'en trouvent pas bien ».

EXTRAIT

D'UN MANUSCRIT INTITULÉ:

NOTICE SUR M. LE Cte DE LA NOUE DE VAIR.

*Et qui fecére, & qui facta aliorum
scripsére, multi laudantur.* Salluft.

STANISLAS-LOUIS DE LA NOUE, des Comtes DE VAIR, filleul du feu Roi de Pologne, Duc de Lorraine, & de la Reine son épouse, nâquit au Château de Nazelles, prés Chinon en Touraine, le 11 Août 1729. Il étoit le cinquieme de six freres, qui tous, à l'exemple de leurs Ancêtres, ont servi l'Etat avec distinction. Nous renvoyons à la note (1) quelques détails généalogiques, qui pourront accommoder certains Lecteurs, & que les autres seront libres de passer.

Quoique le Comte de Vair n'eût pas besoin d'Aïeux, on ne sauroit dire que l'énergie ou l'élévation de son caractere ne reçût aucun soutien de cet avantage ou de cette opinion de naissance absolument inhérente à la constitution des Sociétés policées, & sur-tout d'une grande Monarchie. C'est une sorte de patrimoine non moins sacré que toutes les autres branches de la propriété. C'est la source la plus pure d'une émulation précieuse entre les différens Ordres, dont elle excite les talens sans en opérer la confusion. S'il faut avouer que cette institution antique & respectable est quelquefois le sujet d'une envie puérile, d'une morgue pitoyable, ou d'une vanité ridicule, ne doit-on pas convenir aussi qu'elle devient réellement un nouveau motif de constance & de dignité, de patriotisme & d'honneur, un véhicule de plus au bien dans la plupart des Gentilshommes ? Celui dont nous parlons étant nourri des bons principes héréditaires dans sa famille, n'en fut que mieux & plutôt en état d'imiter les hommes supérieurs, qui d'eux-mêmes ont refait & perfectionné leur premiere éducation. Entré dès l'âge de douze ans au Régiment d'Enghien, il y fit les Campagnes de Bohême, de Baviere & de Flandres, & fut présent à presque toutes les expéditions de la guerre de 1741. Il se signala dans plusieurs actions, entr'autres aux Siéges de Fribourg, Mons, Namur, Charleroi ; aux journées de Raucoux & de Laufelt. Ce fut à cette derniere qu'un coup de feu lui perça les deux jambes au moment où, l'arme d'une main, la pioche de l'autre, il aidoit ses Soldats à détruire une haie.

Cette blessure ne lui permit pas de faire la Campagne de 1748, année pendant laquelle il fut fait Capitaine. Son zele pour le service & pour l'instruction lui firent mettre à profit les années qui s'écoulerent jusqu'à la guerre de 1756. Entre mille exemples, tant anciens que modernes, de la compatibilité de l'Etude & des Armes, il en avoit sous les yeux un d'autant plus frappant qu'il étoit domestique. L'Illustre la Noüe-*Bras-de-fer*, Auteurs des *Discours Politiques & Militaires*, étoit, on le sait, l'un des meilleurs Généraux & des plus vertueux Sujets de Henri IV. Animé du généreux désir de se montrer le digne arriere-neveu de ce Héros, le Comte de Vair consacra fes courts loifirs à la lecture des bons Auteurs, à l'étude des actions des plus grands Capitaines, à la méditation de leurs principes. Nouveau Thémiſtocle, leurs trophées troubloient fréquemment ſon ſommeil. De ce travail ſi noble, réſulterent les réflexions qu'il nous a tranſmiſes dans ſon Ouvrage imprimé pendant l'hiver de 1759 à 1760, ſous le titre de *Nouvelles Conſtitutions Militaires, avec une Tactique adaptée à leurs principes.* Des conſidérations très-fortes ſuſpendent le projet que nous avions d'abord formé d'en publier l'analyſe à la ſuite de ce Précis de la Vie de l'Auteur. Cela nous auroit conduit à diſcuter les derniers ſyſtêmes de Tactique, ſinon avec autant de profondeur, du moins avec autant d'impartialité que le Philoſophe Bayle examinoit des Controverſes de Métaphyſique. De plus, ayant conſigné, dans un autre Ecrit, la partie la plus remarquable de nos foibles idées ſur cette louable production, ne ſuffira-t-il pas ici d'obſerver que M. de Vair avoit bien les connoiſſances & le génie, mais que le repos & les années lui ont manqué pour ajouter à la juſteſſe & à la ſolidité de ſes maximes, dont pluſieurs très-lumineuſes, à la nobleſſe & à la pureté de ſon ſtyle, enfin à l'évidence & à l'exactitude de ſes calculs.

La Guerre de 1756 rappelloit à la pratique les ſpéculations du Comte de Vair. Trop avide de gloire pour ſe borner au ſervice que rend un Officier qui reſte à ſes Drapeaux, il demanda au debut de la Campagne de 1757, & obtint de M. le Maréchal d'Eſtrées, la grace de marcher aux Volontaires commandés par M. d'Anfernet. Ce Chef eſtimable diſtinguant bientôt les talens du jeune Comte, lui confia le commandement en fecond de fa Troupe de 300 hommes. Il juftifia, dans cet emploi, la bonne réputation qui le lui avoit procuré. S'étant trouvé, fur la fin de la Campagne, aux ordres de M. le Marquis de Perreufe, Commandant à Harbourg, cet Officier-Général lui permit de former une Compagnie de 80 Volontaires pris fur toute la Garnifon. Pendant trente-deux jours que dura le fiége ou blocus de cette mauvaife place, il coucha toutes les nuits fur les remparts, il fit des forties continuelles & prefque toutes heureufes, il eut fon habit criblé de balles, & ne montra pas moins de fenfibilité que de courage dans les larmes qu'on lui vit répandre fur la mort d'un bon Sergent tué à fes côtés. Je regrette bien de ne pas découvrir le nom de ce brave Homme.

Sur la fin du fiége, les ennemis abuferent de la fécurité qu'une fufpenfion d'armes infpiroit au Comte de Vair, pour le faire prifonnier, fous prétexte qu'il les obfervoit de trop près. Son ton de nobleffe & de fermeté en impofa au Général Hardenberg, qui le renvoya le lendemain. Rentré dans Harbourg, il témoigna la plus amere indignation contre le projet de rendre la place, avec la claufe de ne point fervir de la guerre. Il lui fallut néanmoins fubir le fort général, quoiqu'il eût refufé de figner la Capitulation. Au refte, en approuvant cette valeur exaltée du jeune Comte, ne blâmons pas la conduite du Marquis de Perreufe, qui ayant épuifé tous les moyens de défenfe, & menaçant les ennemis de s'enfévelir fous les ruines du Château, avoit obtenu les honneurs de la guerre qu'ils vouloient lui refufer. Le trop grand éloignement de l'Armée Françoise, ou l'ignorance de sa position, & l'exact investissement des Hanovriens, l'empêcherent, sans doute, de renouveller le stratagême de Péry, dont l'heureuse évasion couronna sa belle défense à Haguenau, en 1705,

L'étude, ressource des bons esprits, vint de nouveau remplir les momens que M. de Vair ne pouvoit donner à sa profession. Ses services ne furent pas oubliés. Il reçut la Croix de S. Louis à vingt-neuf ans. Après la Campagne de 1758, il fut échangé, par la protection de M. le Maréchal-Prince de Soubise, & l'entremise de M. le Marquis d'Armentieres, auprès de M. le Prince Ferdinand de Brunswick.

Le premier usage de sa liberté fut de se rendre à Francfort sur le Mein, auprès de M. le Duc de Broglie, dont le certificat respectable sert de preuve à la Notice que j'analyse. Le Général reconnut son zele, & lui confia bientôt une Troupe de trois cens Volontaires. Ce commandement lui procura de nouvelles occasions de gloire qu'il ne laissa pas échapper. A l'importante journée de Berghen, (13 Avril 1759,) il fusilla dès la pointe du jour, dans un bois qui couvroit un des flancs de notre armée, & renforcé de deux Compagnies de Grenadiers, il parvint à s'y maintenir contre des forces très-supérieures jusqu'à la décision de la Victoire.

Continuant à se montrer dans toutes les circonstances avec la même distinction, le Comte de Vair fut chargé de couvrir la retraite de la réserve de M. le Duc de Broglie, après la bataille de Minden, perdue le premier Août de cette même année 1759, qui, malgré son brillant début, fut de toutes parts presqu'aussi funeste à la France que l'avoit été celle de 1706, dans la dernière Guerre de Louis XIV. La célérité avec laquelle il gagna les fommités efcarpées des Montagnes, qui forment la gorge de Minden, força les ennemis d'abandonner les poftes qu'ils commençoient à y prendre. La néceffité d'abréger nous force de facrifier beaucoup d'autres détails intéreffans, entr'autres fon cantonnement à Vetzlar, d'où il ne céffa d'inquiéter les ennemis. Deux fois par fes mouvemens il leur fit détendre la droite de leur camp. Paffons à la Campagne de 1760.

M. le Maréchal de Broglie, avoit établi fon Quartier - Général à Francfort le 15 Janvier. Six femaines après, il envoya le Comte de Vair dans le pays de Fulde, à la tête de huit cens Volontaires, fubordonnément à M. le Comte d'Apchon, qui commandoit en cette partie. Le jeune Partifan s'y trouva fouvent en oppofition avec M. le Baron de Luckner, actuellement au fervice de France. Ses manœuvres devant cet habile Général, forment peut-être la plus belle partie de fa gloire. (2).

Une particularité très-digne de remarque dans la manière dont le Comte faifoit la petite guerre, c'eft que s'il tiroit des contributions en denrées, il payoit toujours les fubfiftances deftinées à fa confommation particuliere. Jamais non plus il ne fit valoir le droit ou l'ufage qu'ont les Commandans des Troupes Légeres, de participer aux captures. Il engageoit fes Officiers à fe conduire avec le même défintéreffement. L'exemple des profits légitimes & même honorables du célebre Villars, qui ne s'en permit jamais que fur les Ennemis de l'Etat, auroit eu moins d'empire fur l'ame du Comte de Vair, que l'héroïque & fublime générofité de Bayard, de ce Chevalier *fans reproches*, dont la Maifon fubfifte par les femmes dans celle d'un Vice-Amiral vivant, qui l'a plus d'une fois imité (3). Revenons.

M. le Maréchal de Broglie fatisfait des manœuvres du Comte de Vair, dans le pays de Fulde, porta fon Détachement jufqu'à 1200 hommes d'Infanterie, & 400 Cavaliers, Dragons & Huffards. On lui propofa pour fecond M. de S. Victor. Moins ancien Lieutenant-Colonel, il héfita d'abord à l'accepter; mais ce digne Collégue, dont le zele pour le fervice du Roi, ne calculoit pas le rang d'ancienneté, infifta d'une maniere fi remplie de déférence & d'eftime pour le Comte de Vair, que celui-ci ceffa, par juftice & par honnêteté, une réfiftance qui n'avoit eu d'autres principes que cette même juftice & cette même honnêteté. Ce cas étant, je crois, un de ceux où *parva licet componere magnis*, j'oferai dire que M. de S. Victor fous M. de Vair, me rappelle Vauban demandant à fervir fous fes Cadets, ou le Maréchal de Boufflers foumis volontairement aux ordres du Maréchal de Villars.

Au paffage de L'omm, à la marche du camp de Neuftadt, à l'Affaire de Corback, à plufieurs autres grandes manœuvres de l'Armée, le Comte de Vair ne ceffa de fignaler fon intelligence & fon intrépidité. Un jour qu'il exprimoit à M. le Maréchal de Broglie fes regrets de ce qu'une autre deftination l'avoit empêché de commander une attaque, *Vous vous feriez fait tuer*, lui dit le Maréchal, *& un plus grand fuccès ne m'auroit pas dédommagé de votre perte.* Ces encouragemens propres à rappeller les beaux jours de la Cheva-

lerie Françoise, ces paroles confolantes & flat-
teufes étoient comme le préfage de ce qui devoit
arriver bientôt.

Les Alliés fe campèrent à Saxenhaufen. Cette
pofition étoit inattaquable de front; il falloit les
tourner pour la leur faire abandonner. M. le
Comte du Muy commandoit le Corps chargé
d'attaquer le flanc droit. M. de Vair fit fon avant-
garde. M. le Maréchal de Broglie parvint le 25
Juillet à dépofter M. le Prince Ferdinand. Ce fut
dans cette journée que le Comte de Vair, faifant
l'avant-garde de fon propre corps avec quatre cens
hommes & deux pieces de canon, reconnoiffant
& preffant l'arriere-garde de l'ennemi, fut accueilli
par une moufqueterie très-vive (4). Sa Troupe
éprouva d'abord quelque défordre; mais il la
contint par fa grande fermeté, quoiqu'il eût reçu
deux coups de feu dont un lui faifoit contufion
au bas ventre, & l'autre lui caffoit le poignet
droit. M. de Brécourt, Capitaine au Régiment
de Navarre, le preffoit de s'aller faire panfer.
Il répondit qu'il falloit voir cette affaire jufqu'au
bout : puis envéloppant fon poignet dans un
mouchoir, il continua de commander avec la
même préfence d'efprit. La partie n'étoit pas égale.
Le feu de l'ennemi augmentant de plus en plus,
il fallut y céder. Ce fut en commençant la retraite
après avoir mis fon artillerie en fureté, que le
Comte de Vair reçut dans la poitrine un coup
de canon, qui termina, à l'âge de 31 ans, une
carriere, dont le glorieux début promettoit celle
d'un grand homme de guerre. Son corps fut
enlevé & enterré au village de Wisbeck, en
Baffe-Heffe, fur le chemin de Wolfagen à
Wolkmiffen. La nouvelle de fa mort circula

rapidement. L'expreſſion générale des regrets qu'elle excita dans l'armée , & les larmes qu'elle fit répandre à ſon Général furent le premier éloge funebre de cet Officier. Sa réputation lui en avoit préparé un ſecond à Verſailles. LOUIS XV dit : « Je viens de perdre un homme qui ſeroit » devenu le Laudon de la France » (5).

Le Comte de Vair habile à ſe concilier l'eſtime & l'attachement de ſes égaux & de ſes ſupérieurs, ne l'étoit pas moins à captiver l'affection du Soldat (6). Sa diſcipline étoit grave ſans pédanterie , active ſans inquiétude ni turbulence, ſtricte ſans minuties , ferme ſans dureté , humaine ſans relâchement , religieuſe (7) ſans bigotiſme. Sachant très-bien que le Supérieur qui commande au-delà de ſon pouvoir , manque autant à la ſubordination que l'inférieur qui n'obéit pas ; il n'altéroit pas la ſageſſe des Ordonnances par des interprétations arbitraires; il préſervoit également ſa Troupe, & d'une oiſiveté pernicieuſe & d'une fatigue inutile ; il l'occupoit enfin ſans la rebuter , & ne parodioit pas des exercices néceſſaires, par ces évolutions incertaines , par ces fauſſes manœuvres , qui, ſelon la judicieuſe remarque du ſavant Maizeroi , ne ſervent qu'à déranger les notions du Militaire, comme les mauvais Romans à gâter l'eſprit de la jeuneſſe.

Ce n'eſt pas aſſez pour un Chef d'être l'inſtructeur de ſes Soldats ; il doit en être le pere. Imbu de cette grande vérité , le Comte de Vair partageoit leurs travaux , ſoulageoit leurs beſoins, entroit dans leurs affaires, les viſitoit pendant leurs maladies , panſoit quelquefois lui-même leurs bleſſures , & noble imitateur de nos plus illuſtres Militaires ſavoit à merveille les conduire par ce fublime point d'honneur national auquel il (8) n'a peut-être pas affez rendu juftice dans ce Livre de *Nouvelles Conftitutions*, qu'il n'eut pas le temps de porter à leur maturité. Dans une efcarmouche un de fes Volontaires avoit été fabré fur la tête au point qu'aveuglé par le fang qui lui couloit fur les yeux, il fe retiroit du côté de l'ennemi au lieu de réjoindre les fiens. Le Comte pouffe fon cheval vers ce brave homme, au rifque de fe faire fabrer lui-même, le prend par la main, le ramene & fait naître parmi fa Troupe des mouvemens de fenfibilité & d'admiration qui n'en étoient pas moins vifs, quoique fouvent excités par des actions analogues à celle-là. Dans un cas de befoin, il eut, fans héfiter, vendu fa vaiffelle pour fes Volontaires, comme Turenne le fit deux fois pour fon Armée. François ! en 1771, au fein de la paix, vous n'avez pas entendu fans attendriffement, l'Eloge hiftorique de ce jeune Beau-de-Mafcaron, propofé pour modele aux eleves de l'Ecole Militaire, enfeveli dans fes Lauriers au commencement du cinquieme Luftre, & déjà célébre au Service avant l'âge où la plupart y font entrés. Je n'ai pas les talens de fon Panégyrifte. Mais quel moment plus favorable que celui d'une guerre noble & jufte (9), pour retracer à votre fouvenir ces particularités mémorables d'un autre vaillant Compatriote mort au lit d'honneur à trente-un ans!

J'ai lu cet Ouvrage avec le plus grand intérêt. Il plaira aux Gens de bien ; il intéreffera des Familles refpectables. Les Militaires en feront leur profit, & le Patriotifme l'accueillera favorablement.

D. L. M. F.

AVIS

Sur les Notes suivantes & numérotées.

COMME ces Notes sont placées de maniére à ne pas interrompre le fil d'une premiere lecture du texte, l'Auteur prendra la liberté de causer familiérement, & à cœur ouvert, avec son Lecteur: Il se permettra de mêler des effusions douces à des raisonnemens abstraits ; & plus rempli de son sujet qu'occupé de la tournure, il ne craindra ni les irrégularités ni les digressions. Sans avoir la stupide présomption de se comparer à Plutarque ou Montagne, puisse-t-il montrer quelqu'étincelle de leur grand sens, de leur bonhommie délicieuse, de leur naïveté sublime! Puisse-t-il, malgré l'extrême éloignement où il se trouve de leur sagesse & de leurs talens, se faire pardonner, comme eux, le défaut de méthode & de concision!

Si le lecteur se choque de ces expressions sémées de loin en loin, *je crois*, *je me rappelle*, *si je ne me trompe*, on le prie de les excuser dans un Ecrivain qui privé, par les circonstances, des agrémens d'une vie tranquille & sédentaire, a rarement sous la main ses livres & ses extraits, & se voit par conséquent réduit à citer de mémoire. On pourroit à la vérité lui dire : *Produisez & ne citez pas*. Mais ces deux manieres sont-elles incompatibles ? La résurrection est-elle plus facile ou moins belle que la création ? A-t-on réfuté ceux qui, regardant l'une & l'autre comme également admirables, comparent une bonne pensée à la premiere, une heureuse citation à la seconde ? L'imagination n'est-elle pas le plus incertain, le plus trompeur des guides, sans le secours & le flambeau de la science ? Faute de la comparaison réfléchie des événemens & des causes, des sentimens & des faits, combien de productions languissent vuides & oiseuses, m'gré les saillies, les scintillations d'esprit qu'on y voit briller (*a*) par longs intervalles, comme les éclairs dans une nuit profonde ! La veille de Fontenoi, on s'entretenoit au souper de LOUIS XV, de la Bataille de Taillebourg. O ! si la veille de Dettingue, quelqu'un eût cité Pavie à ce Lieutenant-général, dont la fougueuse imprudence nous arracha des mains une victoire certaine ! (*b*) Revenons :

La paresse prend quelquefois le masque du bel esprit, comme l'hypocrisie celui de la religion. Les Auteurs qui citent le moins, ne

---

(*a*) Le Philosophe Descartes, à qui l'on ne reprochera point d'avoir sacrifié la méditation à la lecture, ni le génie à l'érudition, disoit que la vérité même avoit souvent besoin de s'appuyer de l'autorité. Or, sans tomber dans le travers du *Magister Dixit*, ne peut-on pas dire que le suffrage ou la citation de certains Auteurs, est, aux yeux du Public, encore d'un plus grand poids que le crédit ou l'opinion d'un homme en place, ou d'un corps puissant ?

(*b*) Voyez notre *Lettre d'un François sur l'Histoire de France*, à l'occasion des vingt-six premiers volumes in-douze de MM. Velli, Villaret & Garnier; avec cette épigraphe *similitudines comparat*. Celle que nous avons écrite directement à M. Garnier, sur les 27 & 28es Tomes qui forment le 14e in-Octavo, n'est pas encore imprimée & ne le sera peut-être jamais,

A

font pas ceux qui inventent le plus. La faine, la vraie Littérature autorife les compilations, fur-tout celles qui font faites avec goût, comme un emprunt toujours légitime & fouvent très-louable, tandis qu'elle repouffe toute efpéce de plagiat comme un larcin vil & criminel. Si malheureufement ce goût, cet à propos nous avoit manqué, du moins ferons-nous irréprochables fur la bonne foi d'avouer nos prêteurs, & de ne dérober à perfonne.

Les efprits équitables & judicieux ne taxeront pas d'une orgueilleufe & fotte manie, le parti que nous avons pris de nous citer auffi quelquefois nous-même. Ils y verront plutôt l'humble & fincere aveu que les paffages qu'on tente de remettre en lumiere, font tirés de livres, qui, tous confacrés à l'utilité publique, paroiffent condamnés, fans doute par la foibleffe de l'Auteur, à l'oppofé de la célébrité. Les fuffrages encourageans de quelques Gens de Lettres du premier ordre, ne nous ont convaincu que de leur indulgence, & pour nous confoler de la critique ou de l'oubli des autres, nous ne ferons pas illufion à notre amour propre par ce vers de Martial.

Pro captu Lectoris habent fua fata Libelli.

» Ton caprice, ô Lecteur, fait le deftin des Livres.

---

(1). LA Maifon de la Noüe, quelquefois orthographiée la Noe, eft originaire de Bretagne. Moyfe Amirault, qui écrivoit, il y a cent foixante ans, en rapporte l'hiftoire depuis Guillaume, Chevalier vers 1200. On trouve encore antérieurement dans les Actes de Bretagne, Even & Garnier de la Noue, mentionnés à la fondation de l'Abbaye de Montfort, en 1152. Les alliances directes de toutes les différentes Branches font avec les Bafoges ou Bazouges, Laval, Châteaübriand, l'Epervier, le Porc de la Porte-Vefins, Teligny, Goyon, Pierre-Buffiere, Bellengreville, Lauzieres-Themines, la Muffe, Cordoüan, Lannoy-Lefdain, Saint-Georges-Verac, s. Simon-Courtomer, Liffeneuc, Jolli-Fromentieres, Rancher, la Barre, Cornullier, Saint-Pern, Botherel-Quintin, Maudet-la-Fonchais, Mouffy, Vieuxpont, la Rodde, Sadirac, de Fiennes, le Metayer, Mauvy, Pringle, Tremereuc, la Villeon, Bertho, du Bournay, Preffac, Langan, Geflin, & autres que nous pourrions omettre involontairement. On voit que ces noms, tous très-nobles, & dont plufieurs font par eux-mêmes des plus illuftres, donnent beaucoup de hautes confanguinités.

Le Comte de Vair étoit fils de René-François de la Noue, mort Capitaine de Dragons au Régiment de la Reine, & de Marie-Magdeleine-Françoife de Fiennes-le-Carlier. Ses

Ses freres étoient 1. Gabriel-François, Chevalier de Saint-Louis, Colonel d'Infanterie, au service de France, puis Général-Major, Ministre-Plénipotentiaire & Chambellan de l'Electeur de Cologne, mort en Janvier 1779. 2. Joseph-Alexandre, aussi Chevalier de S. Louis, Capitaine-Aide-Major au Régiment de Cavalerie de Marcieu, tué le premier Août 1759, à la Bataille de Minden, où ce Corps fut tellement écharpé qu'il n'en revint gueres d'autres Officiers que le Chevalier du Bot, depuis Major de Royal-Pologne, où Marcieu fut incorporé. 3. Guillaume-Alexandre, mort en Février 1781, Abbé de S. Séverin, en Poitou, & Vicaire-Général du Diocese de Meaux, ayant servi quatorze ans dans le Régiment d'Aümont, Cavalerie, avant d'entrer dans l'Etat Ecclésiastique. 4. Jean-Marie, Chevalier de S. Louis, Capitaine aux Grenadiers de France, puis Lieutenant-Colonel du Régiment Provincial de Soissons. 5. René-Joseph, Chevalier de S. Louis, ci-devant Colonel du Régiment Provincial de Soissons, aujourd'hui Mestre-de-Camp en second du Régiment Royal-Comtois.

Jacques de la Noue, leur grand-pere, Brigadier des Armées, convert de blessures (a), avoit pour freres, 1.

(a) Il est omis dans les *Fastes Militaires* de M. de la Fortelle, en deux volumes in-12, & dans la Chronologie Historique des Chevaliers de Saint Louis, publiée par M. d'Aspect, en trois volumes in-8°, qui comprennent les Listes de cet Ordre, depuis sa création en 1693, jusqu'aux Promotions de 1703. Mais dans l'Etat de la France pour 1708, tom. second, page 491, on le trouve parmi les Chevaliers de la nomination de 1700. Ce n'est pas à dire que ce dernier Catalogue soit fait avec la scrupuleuse exactitude qui manque presque toujours, même aux meilleurs de ces sortes de Recueils. Par exemple, pages 542 & 655, beaucoup de Lecteurs auront peine à déviner que *Viret*, Lieutenant-Colonel du Régiment Dauphin, Cavalerie, nommé Chevalier de S. Louis en 1705, est *Toustain-Viray*, des Comtes de Carency, Gouverneur d'Obernheim, dont une belle-fille & une niéce ont été décorées de la Croix-Etoilée, & dont les petits-fils sont 1° l'un des Maréchaux de Camp actuels de ce nom, ancien Mestre-de-Camp du Régiment de Cavalerie Royal-Lorraine; 2° Le Comte de Toustain, Brigadier, Colonel du premier Régiment des Chevaux-Légers, ancien Mestre-de-Camp en second du Régiment de Cavalerie de la Reine, après avoir été Lieutenant-Colonel d'une Brigade de Carabiniers; 3° & 4°, deux autres freres morts Officiers-Supérieurs au service, l'un desquels étoit Chambellan du feu Roi de Pologne, Duc de Lorraine, parrain du Comte de Vair.

Une raison qui ne nous paroît mériter ni dédain, ni louange,

A2

iv

Guillaume de la Noue, Capitaine de Cavalerie au Régiment de Montrevel; lequel étant paſſé au ſervice de Baviere,
pour cauſe de duel, y devint Feld-Maréchal-Lieutenant
des Armées de l'Electeur. 2. Charles-Armand, Capitaine des
Gardes & Gouverneur d'un Prince de Bourbon-Condé. Ce
dernier, renommé par ſa force & ſa valeur, fut ſurnommé
la Mentonniere, à l'occaſion d'une action nerveuſe que la
Tradition nous a conſervée. Il ſuivoit M. le Duc dans une
Campagne de Catalogne (je conjecture que c'eſt en 1707).
Ce Prince faiſoit une reconnoiſſance où il étoit tiraillé par
les Miquelets. Un des plus hardis s'avance à la faveur d'une
haie, & couche en joue M. le Duc. La Noue qui l'apper-
çoit, vole devant le Prince, & reçoit le coup qui lui caſſé
le menton. Sa bleſſure ne l'empêcha pas de pouſſer ſon cheval ſur le Miquelet qu'il tua d'un coup de piſtolet, & dont
il traîna le corps juſqu'auprès de M. le Duc, auquel il
balbutia ces trois mots : *Monſeigneur, cy gît.*

Ce dévouement d'un François au ſang de ſes Maîtres,
rappelle celui d'un Seigneur le-Sénéchal, qui, ſelon Sain-
Foix, perdit héroïquement la vie en la ſauvant de cette même
maniere au Roi François 1er.

La terre de Vair dans la Paroiſſe d'Anetz, au Comté
Nantois, paſſée par acquiſition dans la Maiſon de Cornullier,
alliée de celle de la Noue, fut érigée en Comté l'an 1653,
pour Charles de la Noue, Conſeiller d'Etat, oncle de Pierre
de la Noue, reçu Chevalier de Malte en 1662. Les Lettres-
Patentes d'érection en aſſurent le titre à toute la poſtérité
de l'impétrant.

Outre le Colonel de Royal-Comtois, non marié, & ſon
frere, ancien Lieutenant-Colonel de Soiſſons, établi à Nancy,

---

ni blâme, nous a fait citer ce nom tranſplanté de Norwege en Normandie dans le dixieme ſiécle, célébre ſous la Dynaſtie Danoiſe, tota-
lement François ſous Philippe-Auguſte, fidele à Philippe de Valois
& à Charles VII, attaché de près à la perſonne du bon Roi
Louis XII, Député de la Nobleſſe vers François 1er, Louis XIII
& Louis XIV, & comptant vingt-ſix Sujets, tués ou bleſſés au
ſervice de l'Etat, ſeulement entre la naiſſance de HENRI IV &
celle de LOUIS XVI. Nul vrai François n'apprendra ces particularités avec indifférence ou détraction. Tous remercieront M. le
Comte de Treſſan d'avoir conſigné dans un livre plus durable que
cet Opuſcule, l'anecdote preſqu'unique de quinze Guerriers de ſa
Maiſon tués dans la même guerre, anecdote qui rappelle celle des
Fabiens, *Celebrare domeſtica facta. HOR.*

deux Branches fubfiftent. La premiere établie en Gafcogne, a pour Chef Claude-Jean-Baptifte-Jofeph, aîné de la Maifon, Chevalier de S. Louis, ancién Lieutenant-Colonel d'Infan‑ terie, Commandant pour le Roi à Bagnere de Luchon & l'Ifle-Jourdain. Il a plufieurs fils au fervice; & dans un acte du 26 Mai 1696, concernant l'émancipation de feu fon pere, qui fut depuis Lieutenant-Colonel du Régiment de Cavalerie la Ferronnaie, devenu Chabot, on trouve au nom‑ bre des parens les Rohan-Soubife, Rieux-Sourdéac, Vieux‑ Pont, Balzac-D'Illiers-D'Entragues, la Rocheaymon, &c.

Lá feconde Branche réftée en Bretagne fe divife en trois Rameaux, dont plufieurs rejettons décorés de la Croix de Saint Louis. Elle a pour Chef Guillaume-François-Marie, Seigneur de Bogar, Couefcouvrant, &c. fucceffivement Page du Roi à la Grande-Ecurie, Officier de Cavalerie au Régi‑ ment Royal-Lorraine, Lieutenant des Maréchaux de France au Département de Moncontour, & Confeiller au Parle‑ ment de Rennes. Afin de tempérer l'aridité généalogique par des obfervations utiles, difons en paffant que cette Cour Souveraine s'eft reffouvenue dans le choix de fes Mem‑ bres que les premiers nobles étant Juges & Guerriers, le dépôt des Loix étoit auffi bien de la compétence de cet Ordre Illuftre, que la profeffion des armes. Paul de Foix, iffu de Maifon Souveraine, n'a-t-il pas été Confeiller au Parlement de Paris? N'a-t-on pas dédié à Galien de Béten‑ court, Confeiller au Parlement de Normandie, l'Hiftoire de fon Ancêtre de nom & d'armes, premier Roi des Canaries, dont il avoit fait la découverte? Et même depuis le temps de Saint Louis où les Chevaliers-Juges avoient fouvent des Affeffeurs Ecuyers, jufqu'au Regne de Sa Majefté LOUIS XVI inclufivement, il ne feroit pas impoffible de retrouver en diverfes Provinces une fuite de noms illuftres non-feulement dans les premiers Tribunaux, mais encore dans les Charges mo‑ deftes des Jurifdictions inférieures. Nous croyons avoir détruit, dans un autre ouvrage, jufqu'au germe de l'antipathie préten‑ due entre la Robe & l'Epée, antipathie auffi éloignée des bons efprits qu'oppofée aux vrais principes. Il y a plus d'analogie qu'on ne penfe entre ces deux profeffions égale‑ ment importantes. Qu'eft-ce que c'eft qu'un Magiftrat fans courage; & qu'eft-ce qu'un Militaire fans juftice?

Comme le bonheur & l'harmonie des Ordres de l'Etat n'en exigent pas le déplacement ni le mêlange; comme leur

fraternité ne doit pas être altérée par le genre d'aineſſe propre & convenable à la Nobleſſe, nous avons tâché de dé-
montrer dans quelques plans entrepris pour l'avantage &
la ſatisfaction de chaque Ordre & de chaque Claſſe, que peut-
être il feroit encore plus profitable à tous les Citoyens, & à
tous les Corps en général, qu'aux Nobles & à la Magiſ-
trature en particulier, que toutes les Cours Souveraines
du Royaume modélaſſent leur compoſition ſur celle que le
Roi vient de régler pour le Service Militaire par la déciſion
juſte & bienfaiſante du 22 Mai dernier (b). Le Chancelier
de l'Hôpital & le Maréchal de Saxe n'étoient pas plus
l'un que l'autre Apologiſtes du faſte & de la vénalité.

(b) Peut-être produiroit-elle plus complétement l'effet ſalutaire
que le Gouvernement a lieu d'en attendre, ſi Sa Majeſté autoriſóit
dans chaque Province, un Gentilhomme qui feroit choiſi par ſes
Pairs, pour certifier, ſur ſon honneur, de leur état ou extraction,
ſans être obligé d'examiner ni de garantir plus que la légitime poſ-
ſeſſion centenaire, attendu que les plus fortes preuves reſteroient
toujours ſous la compétence des Corps, Tribunaux ou généalogiſtes
de profeſſion & dûment ſermentés. Ce moyen, ſans favoriſer les
uſurpateurs, diſpenſeroit d'une recherche ou reproduction ſouvent
auſſi diſpendieuſe que ſuperflue, beaucoup de cadets de bonne
maiſon dénués de titres ou de fortune ; & pour que le Gentilhomme
nommé Commiſſaire ſe mît lui-même abſolument hors de tout ſoup-
çon de partialité, faveur, caprice ou prévention, il ne devroit
être choiſi que parmi les nobles mariés, ayant rempli huit ans au
moins avec une réputation intacte, un office de Robe ou d'Epée,
& n'entrer en exercice qu'après avoir prouvé lui-même devant un
des deux principaux Généalogiſtes du Roi, (MM. d'Hoſier &
Cherin), 600 ans de nobleſſe à dater du jour de ſon élection,
ſavoir 300 en ligne paternelle aſcendante, & 300 tant de la famille
de ſa mere que de celle de ſa femme ; en ſorte que le plus ou
le moins de ces deux dernieres preuves ſe ſuppléeroient ou com-
penſeroient au beſoin juſqu'à la concurrence des trois ſiécles entiers,
dont la mere & l'épouſe feroient ſolidaires, pourvu toutefois que
celle qui ſe feroit ſervi de l'excédent de l'autre, fut née Demoi-
ſelle, c'eſt-à-dire au moins fille d'Annobli. Cette combinaiſon de preuves, très-biſarre en apparence, eſt le réſultat d'un calcul réfléchi
dont le développement feroit ici trop long & trop déplacé. Voyez le
Précis Hiſtorique, Moral & Politique ſur la Nobleſſe Françoiſe.
La Croix de Saint Lazare pourroit, après dix ans, ſervir de ré-
compenſe aux travaux généalogiques de ce Gentilhomme, & ſon fils
une fois parvenu à l'état de Capitaine, s'il entroit au ſervice, n'auroit beſoin que de ſon extrait baptiſtaire pour monter dans les
Carroſſes de Sa Majeſté.

Mais ils penfoient l'un & l'autre, ainfi que beaucoup de Légiflateurs & de Héros anciens & modernes, qu'il eft autant de l'intérêt que de la juftice des gouvernemens, de maintenir une émulation généreufe & fage en prévenant le dépériffement ou l'ufurpation, la chute ou la fupplantation de certaines Races.

(2) *pag. 12.* Nous allons tranfcrire prefque littéralement de la *notice*, une de ces manœuvres. M. de V,air eut avis que le Général Luckner faifoit des difpofitions pour l'enlever. Son pofte étoit défavantageux par l'éloignement d'un point de retraite. Il prévient l'ennemi, marche à lui, en impofe par fon audace & cache fon infériorité en montrant plufieurs têtes. Il place des Tambours fur un point par lequel il pouvoit lui venir du renfort. La rufe réuffit; l'ennemi trompé prend le parti de s'éloigner. On charge les dernieres Troupes de fon arriere-garde, on en tue quelques hommes, & l'on fait plufieurs prifonniers. Le Comte exécute enfuite une retraite qu'il n'auroit pu tenter dans fa premiere pofition, fans courir le rifque éminent d'éprouver au moins un échec.

(3) *pag. 13.* Pour affurer une bonne fois l'avantage du Service, la conduite du Soldat, le devoir de l'Officier; enfin pour établir très-clairement de très-juftes limites entre les dédommagemens & les extorfions, entre les graces & le pillage, entre les befoins & la cupidité, entre la délicateffe & la duperie, plufieurs Militaires de toutes les claffes, plufieurs citoyens que leur fortune ou leur caractere élévent au-deffus du plus léger foupçon de la moindre vue pécuniaire, ne feroient pas fâchés qu'on daignât ftatuer (foit au Confeil du Roi, foit au Tribunal des Maréchaux de France, foit dans un Confiftoire de Guerre, ou dans un Comité de Chefs raffemblés par le Miniftre,) fur le chapitre de Joli-de Maizeroi concernant le *butin*. C'eft le 17ᵉ du fecond tome de fon Traité de Tactique. Peut-être conviendroit-il à cet égard de compenfer ou modifier les unes par les autres les largeffes accordées au Corps de la Marine, & les privations impofées aux Troupes de terre, fans oublier toutefois que l'honneur eft le premier mobile des uns & des autres. Lui feul a été l'ame des belles Opérations qui viennent d'immortalifer les Comtes de Graffe

& de Rochambeau. Pour vous , ô la Fayette! Jeune *réparateur des torts de Fernand Cortès*, continuez à juftifier ce titre glorieux qui vous fut donné par un grand Homme que la poftérité ne démentira point.

(4) *pag.* 14. La fidélité de l'Hiftoire ne nous permet ni d'omettre ni de garantir des relations particulieres qui ne nous paroiffent pas deftituées de tout fondement, quoique non mentionnées dans celle dont nous ne fommes qu'abréviateur. Suivant ces relations, le Comte de Vair auroit en quelque forte été compromis par la vivacité momentanée d'un Officier-Général d'ailleurs plein de bravoure, de talens & de lumieres, auquel il avoit prédit l'impoffibilité de vaincre, & la certitude de mourir. Ainfi périt Fourille à Sénef. Militaires François, fachez honorer vos grades par vos égards proportionels & refpectifs. Songez qu'une fermeté raifonnable fympathife avec une vraie politeffe ; que la fubordination n'eft pas fervitude , & que la diftinction des rangs à la Guerre n'en détruit point la confraternité.

Les mêmes relations particulieres apprennent qu'on rendit au Comte de Vair, qui touchoit au moment d'être fait Brigadier, les honneurs funébres d'un Officier-Général.

Nous ne nous fommes permis dans le texte, aucuns changemens confidérables à la Notice inftructive, mais un peu trop fuccinte que nous étions encore chargés d'abréger. Aucun des Mémoires tant imprimés que manufcrits que nous avons recueillis fur la Guerre de 1756, ne fupplée les détails qui nous manquent ; & pour comble d'inconvénient , nous n'avons été à portée de nous procurer aucun des Papiers-Nouvelles du temps. De plus, nous n'avons pas eu le bonheur de connoître M. de Vair, attendu qu'en 1759, fort jeune encore nous campions fur la Côte du Havre, au nombre de ceux qui comptoient s'embarquer dans l'Armement du Maréchal de Conflans. On verra par la Notule ci-deffous (*a*) que nous

---

(*a*) Les ennemis étoient environ 4000 contre 1400. Le Comte de Vair, qui s'attendoit à leur embufcade & à leur fupériorité, comptoit fur le courage de fa Troupe & fur la bonté de fes difpofitions , pour fe tirer du mauvais pas où l'imprudence

avons encore plus craint l'inexactitude que la prolixité. Ceux qui nous feront l'honneur de nous lire, peuvent regarder notre véracité comme un gage de la reconnoissance que nous inspireront les bonnes critiques.

(5) *Page 15.* On sent que le paralelle ne pourroit se soutenir à la rigueur entre un excellent Chef de seize cent Volontaires, & un grand Général qui a commandé avec gloire & succès de nombreuses armées. Mais ceux qui se rappelleront ce que le Comte de Vair avoit fait à trente-un ans, ne blâmeront pas sa famille d'avoir chéri & conservé l'expression flatteuse par laquelle sa mémoire fut honorée de la bouche d'un Monarque à qui les actions de ce jeune & brave Officier donnoient une idée très-avantageuse de son mérite

---

d'autrui l'avoit engagé. M. de Louvigny, aujourd'hui Chevalier de Saint Louis, Capitaine retiré du Régiment des Cuirassiers, faisant alors les fonctions de Major de la Cavalerie des Volontaires, vint l'avertir que douze escadrons ennemis débouchoient, & qu'il falloit se replier. Il n'est pas encore temps, dit M. de Vair, accoutumé à trouver en lui-même des moyens pour le succès ou des ressources contre le malheur. *Allez dire à M. de S. Victor---* A ces mots, il fut tué roide. Tous les Volontaires de l'Infanterie voulurent rester pour venger leur Commandant, ou pour mourir auprès lui. M. de S. Victor, qui vit la nécessité de la retraite, ne put les y déterminer qu'en les menaçant de les faire sabrer par sa Cavalerie, & leur promettant une meilleure occasion d'employer leur valeur ou d'exposer leur vie.

N'oubliant point le reproche fait à un Historien, qui, dit-on, sacrifia l'exactitude à l'élégance, en rejettant de nouvelles instructions sur un Siege, parce que sa relation étoit écrite, nous avons recherché & employé dans ces notes ou supplémens le rapport des témoins oculaires, avec autant d'exactitude qu'un Erudit, qui travailleroit sur des événemens reculés, devroit en mettre à consulter les Auteurs originaux.

Nous avons écrit infructueusement à plusieurs, & nous nous consolerons de leur silence par les critiques qui tendront à répandre plus de clarté dans nos récits.

Le même M. de Louvigny, qui n'a non plus que nous ni goût ni intérêt à déguiser la vérité, est en état de réfuter complétement l'erreur de ceux qui ont soupçonné feu M. le Comte de Broglie du petit moment d'oubli que nous n'avons pu nous dispenser de rappeler à un autre Officier-Général, digne d'en convenir, de l'expier, de le réparer. N'ayant pas l'honneur de le connoître personnellement & ne songeant pas plus à le désobliger qu'à le flatter, nous devons lui laisser le choix de révéler lui-même ou de taire son nom. C'est pour les hommes distingués dans tous les genres, qu'un grand Poète fit ce Vers.

» Quel sage est sans défaut ; & quel Roi sans foiblesse ? »

& de ſes talens. La valeur & le génie ſe dévinent, & ſi une
mort prématurée avoit enlevé Ceſar, Cromwel, le grand
Condé, le Maréchal de Saxe, ſeroit-on fondé à taxer d'erreur,
ou d'hyperbole, les prédictions ou preſſentimens de Sylla,
de P. Dumoulin, du Cardinal de Richelieu, du Chevalier
Folard? Il ne s'agit uniquement ici que des diſpoſitions ou
qualités guerrieres; ainſi graces pour le nom de l'héroïque
ſcélérat Cromwel.

(6) *pag. 15.* Son ombre ne s'indignera pas ſi j'apper-
çois dans ſa façon d'agir & de penſer, beaucoup de rapports
avec un Lieutenant-Colonel de Royal-Dragons, bréveté
Meſtre de Camp, qui n'ayant pas eu le bonheur de
rencontrer toutes les occaſions de gloire ſi bien ſaiſies
par le Comte de Vair, avoit au moins eu comme lui
le rare talent de ſe concilier à la fois & au plus haut
degré l'eſtime & l'affection des Officiers Généraux, Supérieurs & Subalternes, jeunes & vieux, ainſi que du
Bas-Officier & du Soldat; homme auſſi bienfaiſant dans
la conduite privée que brillant à la tête de ſon Corps.
Ni cette fleur jettée ſur ſa tombe, ni peut-être même
le monument érigé par ſes camarades en 1774, ne
valent l'hommage attendriſſant, flatteur & unanime que
ſes chefs, ſes égaux & ſes inférieurs ont rendu ſouvent à ſa mémoire en ma préſence, même avant de me
connoître. Il ne m'eſt permis ni de le nommer, ni
de l'oublier.

Pour l'exactitude & l'intérêt de la vérité, ajoutons que
la ſeule différence notable dans le caractere & la conduite
de ces deux reſpectables Chefs de Corps, fut à l'avantage du Comte de Vair. Tous deux joignoient des dons
agréables aux qualités eſſentielles & ſolides. Mais le
Comte de Vair porta juſques dans les Camps & les
Garniſons une pureté de mœurs, je dirois même une
auſtérité qui le fit triompher de cette paſſion ſi naturelle
& ſi dangereuſe qu'un Poëte appelle ingénieuſement *la ſeule
erreur du Sage.* L'autre ſans jamais ſacrifier ſes devoirs à ſes
plaiſirs, ſe laiſſa quelquefois attirer aux charmes du ſexe qui
mit le fuſeau dans les mains d'Hercule, ſçut arracher le ſecret
de Turenne, & vit à ſes genoux le grand Maurice.

Jeunes Officiers encore ſuſceptibles de prendre les amorces
d'une volupté perfide & condamnable pour les mouvemens
d'une ſenſibilité douce & légitime, ſongez que de tels écarts
ne ſervent trop ſouvent qu'à mettre le comble à la médio-

crité des hommes vulgaires , & à ternir la gloire des hommes supérieurs. Et s'il vous arrive de vouloir justifier vos chutes par l'exemple des tributs que plusieurs de ceux-ci n'ont pu se dispenser de payer à la fragilité humaine , tâchez donc aussi d'acquérir les vertus , les talens distingués , en un mot de rendre les services qui semblent racheter leurs imperfections , & font oublier leurs fautes.

Le penchant qu'on propose non d'étouffer entiérement , mais de réprimer pour l'annoblir , n'est pas encore le plus funeste de ceux qui peuvent séduire le Militaire. Un désir sincere de consigner ici des vérités relatives au bien du service , nous porte à représenter que jamais aucune ombre d'utilité n'a compensé les désordres qu'ont produit la fureur du jeu chez quelques Officiers , & la crápule de l'yvrognerie dans beaucoup de Soldats , deux vices dont le Comte de Vair fut également l'ennemi. Le Lieutenant-Colonel dont je rappelle l'honorable mémoire avoit risqué dans sa jeunesse d'obscurcir ses vertus par le premier de ces travers ; mais il n'attendit pas la maturité de l'âge pour se souftraire à la contagion de l'exemple & aux perversités d'un prétendu bon ton. Parvenu à la tête d'un Corps , il rendit plus efficaces par sa conduite les conseils paternels qu'il donnoit à la jeunesse. La franchise de nos aveux prouve celle de nos louanges. Quelle que soit notre aversion pour la flatterie , à Dieu ne plaise que nous tombions dans l'excès opposé de ces détracteurs qui ne s'attachent qu'au côté foible d'un homme estimable , à peu près comme d'envieux critiques ne saisissent que les taches d'un bel ouvrage , comme si l'imperfection n'étoit pas en tout l'appanage de l'humanité. C'est de telles gens que M. Castillon avoit en vue dans ce passage du *Mendiant Boiteux.* » En général les Censeurs les plus séveres & les plus » impitoyables sont les hommes , sinon les plus dépravés , du » moins les plus faciles à se plonger dans le vice , & à commettre les vices qu'ils condamnent avec le plus d'amertu-» me. Ce sont toujours ceux-là qu'on entend élever la voix » avec le plus d'audace contre la simple apparence des vices , » & détester en autrui les mêmes penchans qui les guident , » qui les entraîneroient eux-mêmes si l'occasion & les cir-» constances secondoient la bassesse de leur inclination ».

(7) *Page 15.* Quelques railleurs du nombre de ceux dont l'autorité paroît également nulle pour la Théologie & pour la Philosophie , se moqueront peut-être d'une *Discipline Religieuse.* Mais dans le cas où cet Opuscule tomberoit entre

les mains de quelques jeunes Militaires, feroit-il infenfé de
les avertir que la piété d'un homme de guerre, après l'ado-
ration en efprit & en vérité confifte à refpecter le culte de
fes peres fans infulter les autres, à donner de bons exemples fans contraindre les confciences, à fe permettre en fait
de croyance (*a*) quelques éclairciffemens & jamais de dif-
putes ». *Laiffons-là S. Thomas s'accorder avec Scot.* BOIL : ».

Aimez votre prochain comme vous-même, dit l'Evangile.
Supportez-vous les uns les autres, dit S. Paul. Que tous
ceux qui prétendent juger de la morale d'autrui par leur propre foi, fe rappellent encore cette maxime onctueufe de S.
François de Sales. » La vérité qui n'eft pas charitable, pro-
» céde d'une charité qui n'eft pas véritable ».

Pour obvier à tous les cas, fuppofons qu'un Militaire chré-
tien, foit de l'Eglife Romaine, foit d'une Communion réfor-
mée, fût revêtu de la puiffance co-active ou repreffive dans
une contrée lointaine ou étrangere, c'eft alors, fuivant
nous, que non-feulement il pourroit, mais que même il devroit excepter de cette tolérance purement humaine & civile,
les *Auto-da-Fé* qui fouillent le midi de l'Europe, ou les
Sacrifices barbares non encore abolis dans quelques recoins
des trois autres parties du monde connu. Nous nous per-
mettons cette longue note, parce qu'il arrive encore de rencontrer quelquefois des Officiers qui, fans être dépourvus de
certaines parties militaires & fociales, font néanmoins tellement imbus de préjugés fanatiques, ou fufceptibles de faux
zele, qu'ils renouvelleroient volontiers les fcenes féroces de
l'hérétique Des-Adrets, ou de l'orthodoxe Gouverneur de
Mâcon. O déplorable Humanité ! comment as-tu puifé des
prétextes de zizanie, de haine, de perfécution, de cruauté
dans ces liens ineffables que la religion doit refferrer entre
tous les enfans du même pere, dans ce rapport touchant
& fublime qu'elle te permet d'entretenir avec ton Créateur ?
*Onus leve, jugum dulce...... Cavete à fermento Pharifœorum....
Pax hominibus bonæ voluntatis..... Beati mites, mifericordes,
& mundo corde..... Beati qui efuriunt & fitiunt juftitiam !*

Un Auteur, & c'eft, fi je ne me trompe, M. l'Abbé
Girard, a dit avec raifon que la religion eft plus dans le
cœur qu'elle ne paroît au dehors; que la piété eft dans

(*a*) Dans tous les temps, dit Berruyer, en cela d'accord avec
Pafcal, une occupation fi digne des hommes, a été rare parmi eux.

le cœur & paroît au dehors ; que la dévotion paroît-quelque-
fois au dehors fans être dans le cœur. Il y a d'excellentes
chofes à ce fujet dans les *Caracteres* de la Bruyere, livre, felon
moi, des plus propres à corriger, améliorer quiconque en
le lifant aura le bon efprit de ne point s'amufer aux applications
étrangeres, & de n'en chercher la clef que dans
foi-même.

(8) *page 16.* Cependant au chapitre 3 de la premiere
partie, l'Auteur nous rappelle le trait du Soldat qui combattant
à Raucoux, oublioit qu'un bifcayen lui avoit caffé
les deux cuiffes, pour crier *vive le Roi*, & pour encourager
fes camarades à faire leur devoir. Plufieurs papiers publics
& recueils d'anecdotes mentionnent un trait pareil d'un
Grenadier du Régiment de Soiffonnois, au Combat Naval
du 16 Mars 1781, entre M. Deftouches & l'Amiral Arbutnot,
mais il ne donnent pas le nom de ce brave homme.
Peut-être pour l'honneur & la confolation des Troupes, n'eft-
ce que la multiplicité de ces généreux traits d'un patriotifme
foldatefque qui s'oppofe à la confervation des noms de
tant de héros fubalternes. On n'en fçait pas moins bon gré
à M. Bret d'avoir tout récemment configné dans la gazette
de France celui du Matelot *Dachicourt*, qui frappé d'un coup
mortel au fuperbe combat de notre Frégate la *Magicienne*,
contre le Vaiffeau de ligne Anglois le *Chatam*, dit en faififfant la
main de M. de la Boucheticre fon Capitaine, qu'il regrettoit
moins de perdre la vie que de voir la Frégate au pouvoir
de l'ennemi. O Comte d'Eftaing, vrai Général de terre &
de mer, *Grand-Pere* de vos Matelots comme Tromp, &
de vos Soldats comme Vendôme, fouffrez que j'ofe invoquer
ici votre témoignage ou votre décifion. Quand on a
le bonheur de commander à de tels hommes, ne vaut-il
pas mieux exalter les têtes que de battre les épaules; ne
vaut-il pas mieux diriger leur intelligence que de l'anéantir?
Et ces Pruffianifeurs Velches, qui rifquent d'avilir les
hommes en les abrutiffant, qui prétendent que l'efprit du
Soldat François eft moins dans la cervelle que fur le dos,
ne feroient-ils pas coupables du crime de leze-nation, s'ils
n'étoient convaincus d'une extravagance outrée ? Ce n'étoit
pas ainfi que parloient ni penfoient les Villars, les Catinat,
les Luxembourg, les la Noue, les de Foix, les Bayard,
les Dunois, les Guefclin, ni même ces refpectables étrangers,
immortalifés au Service de notre Patrie qui les avoit
adoptés, les Maurice de Saxe, les Lowendal, &c, &c.

Vous êtes François, difoit Henry IV à fes Soldats, comme Agamemnon crioit aux Grecs : *Soyez hommes*, & leur réponfe fut la victoire. Il y a trente ans que des indifcrets auxquels on a donné l'epithete ironique de *faifeurs*, voulurent prendre indiftinctement le bon & le mauvais de l'étranger, effayerent de changer le caractere national au lieu d'en tirer parti, fe difpenferent enfin dans les fauffes applications de leur théorie fuperficielle, d'avoir égard aux différences d'opinions, de mœurs, d'inftitutions, de climat & de gouvernement. Ils auroient dû fe corriger à Rosback. L'Auteur annonyme des *Réflexions d'un Militaire*, (in 12 1772) dit avec raifon daus fon premier chapitre, « Les Soldats efclaves font vicieux, & plus cruels que » les autres : ils cherchent ordinairement dans la débauche » à fe diftraire de l'aviliffement où on les tient.............La » crainte étouffe quelques vices dont le germe refte dans » le cœur, & ne produit point de vertus. « O vous qui voudriez que le bâton gouvernât la France, comme le Pere du Halde nous dit qu'il gouverne la Chine, pefez de grace encore ce paffage d'un Orateur Philofophe, qui a trop dignement loué d'illuftres morts pour qu'on lui refufe des éloges de fon vivant. « Peut-être ,dit M. Thomas , » n'y a-t-il rien de plus beau dans Homere que cette » idée, que du moment qu'un homme perd fa liberté, » il perd la moitié de lui-même. « Ce font toutes ces puiffantes confidérations qui nous font préfumer qu'aucune punition corporelle, c'eft-à-dire aucun châtiment de canne, de plats de fabre, de verges, de corroies, ne devroit s'infliger dans les Troupes que par jugemens de Confeil de Guerre. En combinant l'influence refpective du moral & du phyfique à la Guerre, en examinant la liaifon du fiftême militaire avec le fiftême politique, il eft difficile d'approuver pour la difcipline un autre mobile que celui du gouvernement. Ceux qui ne s'en rapportent pas tout-à-fait au Préfident de Montefquieu, pourront confulter encore *l'Effai général de Tactique* de M. le Comte de Guibert, *les Militaires au-delà du Gange* de M. de lo Looz ; *La Lettre* de M. de Lauron, *fur une nouvelle arme à feu*; *la Differtation fur la fubordination*, in 12, 1754; *les Avantures d'Alcime*, in 12, 1778; les nouvelles *Lettres d'un voyageur Anglais* ; (*M. Moore*,) in 8°, 1781. &c. &c. Tandis que des inftructions de manége imprimées à la fuite des Ordonnances de la Cavalerie, recommandent la douceur & la patience envers les jeunes chevaux, on a voulu colorer la violence & la brutalité par des calomnies contre nos semblables & nos compatriotes. Peut-être ne pourrions-nous mieux faire ici l'apologie des Troupes Françoises, qu'en retraçant la réfutation que nous avions faite autrefois, d'un passage du *Tableau philosophique du genre humain, depuis l'origine du monde, jusqu'à Constantin?* L'Auteur s'exprime ainsi sur les Habitans d'Aix. « Ces Peuples étoient ce que sont » encore les François, terribles au premier choc, & des » femmes dans le second. » Voici de quelle maniere nous le combattions en 1769, dans un manuscrit qui n'a pas vu le jour. « L'Auteur a-t-il oublié les marques de » constance & d'intrépidité soutenues que le François a » données dans tous les siecles révolus depuis la fondation » de la Monarchie? Combien n'en pourroit-on pas citer » sous le seul Régne de Louis XV? Voici les principales.

Batailles de Guastalle & de Parme....................1734.
Siege de Philisbourg....................................1734.
Défense & Retraite de Prague........................1742.
Siege de Fribourg & Combat de Weisembourg......1744.
La formidable Colonne enfoncée après 4 charges.......1745.
Le poste de Raucoux forcé..............................1746.
Prise de Madras.......................................1746.
Défense de Pondichery................................1747.
Les retranchemens de Laufelt emporté après 5 charges.1747.
Siege de Berg-Op-Zoom..............................1747.
Victoire sur le Général Bradoc, en Canada...........1755.
Victoire Navale, & Fort Saint Philippe...............1756.
Hastembeck..1757.
Combat auprès du fort Carillon, ou de Ticonderago. Moins de quatre mille François aux ordres du célèbre Marquis de Montcalm, y défirent vingt deux mille Anglois, après l'action la plus vive & la plus opiniâtre..................1758.
Sundershausen & Lutzelberg...........................1758.
Berghen...1759.
Clostercamp où les François surpris se battirent aussi bien que leurs Peres à Stinkerque & à Crémone, & plus heureusement que les Prussiens au Camp de Hockirken, & dans les murs de Schweidnitz escaladé................1760.
Grunberg..1761.
Friberg...1762.
La Corse...1739 & 1769.

Sans compter beaucoup d'autres affaires également honorables à la Nation, telles que Colorne & Côni en Italie,
Sahay en Bohême, Melle en Flandres, S. Caſt en Bretagne, &c. Le regne de Louis XIV offre encore une plus
grande quantité de traits ſemblables, ſur-tout aux batailles
de Rocroy, Fribourg, Lens, Norlingue, Senef, Nerwinde,
Caſſano, Malplaquet (car cette derniere quant à l'honneur
valoit une victoire) ; aux Siéges de Mons, Namur, Landau,
Barcelonne ; aux défenſes de Grave, de Mayence & de
Lille. (a) Nous ne choiſirons que neuf exemples dans les
faſtes antérieurs de la Monarchie, pour rendre notre preuve
abſolument complette. La Bataille de Bovines en 1214 ; celle
de Marignan en 1515 ; la défenſe de Calais en 1346 & 47 ;
celles de Rouen en 1418 ; d'Orléans en 1429 ; de Mezieres
en 1521 ; de Cremone en 1522 ; de Metz en 1552 ; de S.
Jean de Lône, en 1636. Combien n'aurions-nous pas mul-
tipliés ces mémorables exemples, ſi nous avions paſſé l'é-
poque à laquelle Philippe-Auguſte réunit à la Monarchie le
pays de nos peres, cette Province conquérante des Royau-
mes de Naples, de Sicile & d'Angleterre, & dont les guerriers affermirent les premiers Capétiens, humilierent les

---

(a) La ſupériorité rendue au pavillon François ſur toutes les
mers, l'expédition du *Sénégal*, celles de la Dominique, de Saint
Vincent, la Grenade, Tabago, s. Euſtache ; la coopération puiſſante à la
priſe de Penſacole, & ſur-tout au grand événement d'York & de Glo-
ceſter, prouvent que les François ne dégénerent point ſous LOUIS
LE BIENFAISANT. On a vu dans les nouvelles de 1778, avec
quelle rapidité le feu électrique de l'honneur National ſe commu-
niquoit du centre & des quatre coins du Royaume, quelle affluence
de Volontaires ſe préſentoient de toutes parts aux premiers bruits
de la guerre. Nous ne craindrons pas de dire *experto crede Roberto*,
parce que ces démarches & ces ſentimens plus juſtes que méritoires
nous furent communs avec la généralité du Militaire François, avec
une grande partie de nos Compatriotes de tous états ; enſorte que
ſans tomber dans un travers de fanfaronades, on peut les avouer à
la face de la Nation pour laquelle on ſacrifieroit l'exiſtence qu'on
a reçue dans ſon ſein. Un Officier-Général diſoit qu'on auroit facilement trouvé plus de Volontaires qu'il n'y avoit d'hommes employés
& néceſſaires. Heureux ceux qui furent pris au mot !
De preſque tous les échecs eſſuyés ſous le feu Roi, tant ſur mer
que ſur terre, il n'y eut gueres d'autre cauſe évidente que l'incapacité, la méſintelligence ou l'inſubordination de pluſieurs Chefs,
dont quelques-uns ſe font cruellement vengés pendant la paix ſur
des Troupes innocentes & déja victimes des fautes qu'elles n'avoient
point commiſes à la Guerre.

Empereurs

Empereurs d'Allemagne, continrent les Souverains Ecclé-
siastiques de Rome, & firent chanceler le Trône de
Constantinople.

Le Maréchal de Saxe, qui avoit étudié le génie militaire de la Nation, écrivoit au Comte d'Argenson, que les
affaires de poste étoient les plus avantageuses pour les
François. Il les croyoit donc capables d'une vigueur &
d'une fermeté plus durables que le premier choc. La
confiance de l'Officier devient présomption & témérité,
s'il n'y met des bornes. Celle du Soldat n'est jamais
trop forte. Au lieu de l'insulter & de l'abâtardir, inspirez
lui bonne idée de lui-même ; persuadez lui, si vous
pouvez, qu'il est invincible. *Felices errore suo.* Profitez
des observations lumineuses qu'on lit dans les *rêveries*
du même Général, sur ce qu'il appelle *le cœur humain.*
Un nouvel Auteur Militaire, dont la sagacité ingénieuse
a saisi les rapports de la Fortification à la Tactique,
démontre aussi d'une maniere sans réplique les influences
du moral à la Guerre.

Terminons cette trop longue note par ce passage
d'un de nos autres Opuscules imprimé en 1773, avec cette
Epigraphe : *Quis furor ô cives, quæ vos dementia cepit !* « Sup-
» posons que sur cinquante Soldats, trois soient décidément
» mauvais sujets, & les quarante-sept autres bons ou pas-
» sables ; peut-être doit-on, par égard pour ces quarante-sept
» hommes, ne point infliger de peines flétrissantes à leurs
» trois camarades, excepté dans le cas où l'on chasseroit
» ces derniers, incontinent après l'affront ignominieux dont
» on les auroit couverts. Confondra-t-on la douceur avec
» la molesse, & nous blamera-t-on de souhaiter qu'un
» Colonel exerce envers les Soldats de son Régiment,
» quelque portion de la bienfaisance qu'un Seigneur de
» terres doit à ses plus pauvres vassaux ?

» Que ces esprits emportés par leur fougue & dénués
» de lumieres qui dénaturent les plus saines maximes
» en outrant les conséquences, voient aux plaines de
» Fleurus, les triomphes de ma Patrie que je n'ose plus
» appeller la leur. Qu'ils regardent près d'Helsinbourg
» l'élite des Troupes Dancises battue par un amas de
» Païsans levés à la hâte, mais qu'enflammoit l'amour de
» leur pays & de leur Roi. Qu'ils se rappellent que les
» Romains ayant perdu leurs anciennes institutions, rassu-
» roient par leur courage leur Général Belisaire contre

» la difcipline des Perfes , & qu'ils ne prétendent plus
» que le feul avantage de cette difcipline fuffife &
» puiffe toujours fuppléer au défaut de valeur. L'exemple
» des Romains envers les Gaulois prouve-t-il autre chofe,
» finon qu'il faut, autant qu'on le peut, réunir l'une
» & l'autre ? Abandonne-t-on le courfier rapide qui fran-
» chit en un clin d'œil un efpace immenfe, pour
» l'animal pefant & tardif qui trace lentement fon fillon?
» Non, on fe fert de tous les deux.

» Il faut au fujet d'une Monarchie d'autres genres
» de crainte, d'efpérance, de châtiment, de récompenfe
» qu'au citoyen d'une République. L'exemple de Manlius
» convenoit-il aux Héros de Rocroy & de Friedlingue ?
» . . . . On vous appréciera, fublimes
» inventeurs de fubtilités à la Grecque, qui comparez
» modeftement votre équitation de manége à la courfe
» des Jeux Olympiques ; qui d'après vos favantes defcrip-
» tions de l'ordre oblique, penfez que les Batailles de
» Leuctres & de Mantinée, furent gagnées par le pas
» de côté des chevaux, auxquels il n'auroit plus fallu
» qu'une longe ; qui nous écrafez d'innovations en citant les
» anciens . . . . ; Et vous Troupeau fervile des
» imitateurs, dites-nous fi par la fageffe tant vantée d'un
» régime militaire, que fon augufte inftituteur fe garderoit
» bien d'appliquer à une armée de Regnicoles, le Duché
» de Mecklembourg fut préfervé d'excès plus attroces
» & plus réels que tous ceux qu'on a reprochés, avec
» trop de fondement fans doute, mais avec exagération
» aux troupes Françoifes. . . . . Ces vagabonds,
» ces transfuges retenus au Service de Pruffe, par une
» chaîne d'acier, jouirent d'un moment de liberté, comme
» des tigres furieux échappés de leur cage de fer, &
» dont les conducteurs auroient perdu la tête.

» Comment des hommes inftruits n'ont-ils pas craint
» d'avancer que les Romains n'étoient que difciplinés,
» tandis que nul des anciens Peuples, excepté les Spar-
» tiates, n'a donné plus de marques d'intrépidité ? Eft-ce
» la difcipline des Tartares qui a foumis au joug de leur
» domination, tant de vaftes & opulentes contrées de
» l'Europe & de l'Afie ? . . . . Le but de nos
» citations n'eft autre que de modérer le fanatifme
» de certaines perfonnes, fans tomber nous-même dans
» l'excès contraire. On n'eft point l'Apôtre du relâche

» ment pour être le cenſeur de la dureté. Et nous
» poſons pour principe que rejetter toute diſcipline, parce
» que des Armées ont vaincu ſans en avoir, ſeroit auſſi
» peu raiſonnable que de proſcrire l'art de l'Ingénieur,
» ſous prétexte que des places très-reſpectables ont été
» priſes irréguliérement, & que de miſérables bicoques ſe
» ſont vigoureuſement défendues. »

(9) *pag. 16.* Si le Peuple & le Gouvernement Anglois
veulent ſe prévaloir des droits & des uſages d'une
Monarchie, même de la plus tempérée, pourquoi la
ſubſtitution ſuceſſive des Naſſau & des Brunſwick, aux
Stuarts non-éteints ?

S'ils ne datent que de la conſtitution de 1689, pourquoi ces infractions de la Métropole, envers les Colonies
ſes Filles, ou plutôt ſes Sœurs ? Dans tous les cas,
Londres eſt plus rebelle que Boſton. Nous avons au
commencemnent de la Guerre, publié dans une feuille
périodique le développement de cet expoſé qui nous
paroît clair & ſans réplique. La forme allégorique n'en
a pas altéré la fidélité.

Sans porter l'Anti-Anglomanie, auſſi loin que l'Auteur
du *Supplément à l'eſpion Anglois,* nous nous ſommes permis
depuis long-tems quelques remarques, dont la répétition
ne diſconvient pas ici.

Les Anglois ſe ſont ſouillés de tant d'atrocités, que
ſuivant l'expreſſion de Voltaire, qui n'étoit pas leur ennemi, le bourreau devroit être leur Hiſtorien.

On ne voit pas une eſpace conſécutif de quarante
années ſans guerre civile, ſans bouleverſement politique
ou religieux, dans les annales de ce Peuple inconſiſtant,
depuis qu'il a été ſucceſſivement la proie des Romains,
des Saxons, des Danois, des Normands ; en un mot
de preſque tous ceux qui ſont deſcendus chez lui pour
le conquérir. Pour ne pas trop nous éloigner de notre
temps, conſultez ſeulement les époques de 1775, 1745 a
1715, 1688, 1649, &c.

Cependant ſi des malheurs imprévus réduiſoient un
de nos compatriotes à vivre loin du doux climat de la
France, ſous d'autres Loix que celles d'un Prince & d'une Patrie
que nous chériſſons ; s'il lui falloit opter entre les Eſpagnols,
nos eſtimables alliés, & les Anglois, nos implacables rivaux,
pour chercher un azile, nous doutons qu'il pût ſe réſoudre
à préférer le pays ravagé par l'infernale inquiſition

La liberté Angloife tourne fur les deux pivots de l'acte d'*habeas corpus*, & de la liberté de la preffe. Si le Miniftere Britannique eut affecté plus d'indifférence ou moins d'animadverfion contre M. Wilke & fon Imprimeur, il auroit peut-être prévenu la grande querelle qui déchire aujourd'hui l'Angleterre des deux Continens, & réveille toute l'Europe.

Celui que les douceurs de la domination Françoife ne rendent pas infenfible au vice des autres Gouvernemens, celui que l'habitude de la contrainte n'a pas abfolument plié au joug de la fervitude, peut-il s'empêcher de faire des vœux pour la caufe des Infurgens? S'ils triomphoient, s'ils vengoient les autres peuples des injuftices que leur a faites la Nation Britannique, à laquelle les procédés & les paroles de fes propres Miniftres nous ont fait appliquer dans un autre écrit, le *punica fides* des Anciens, leur pays ne feroit-il pas le feul coin de l'Univers policé, où l'induftrie, la fcience & la liberté réunies, auroient un véritable, un fûr & commun afyle, du moins pour une centaine d'années, terme après lequel la corruption s'y glifferoit, non-feulement comme dans toutes les grandes fociétés, mais comme chez les Nations qui devroient en être le plus exemptes, telles que Genève, la Suiffe & la Hollande?

Au refte, en reprochant à la Nation Angloife & fes torts & fes défauts, gardons-nous de ne pas reconnoître le bien qu'elle a fait aux autres peuples par la communication de fes lumieres, par mille beaux exemples d'efprit public & de générofités particuliéres, par nombre de découvertes hardies, de propofitions utiles, & d'inftructions fublimes.

Cependant n'imitons pas envers cette Nation finguliere l'engoûment avec lequel M. de S*** femble pardonner à Céfar fes conquêtes en faveur de fes Commentaires; avec lequel tant de Savans pardonnoient à Chriftine le meurtre de Monaldefchi; avec lequel tant de beaux efprits oublioient que le Fondateur de l'Académie Françoife avoit fait couler fur l'échaffaud le Sang des Montmorency, des Marillac & des de Thou.

N. B. Louis Beau-de Mafcaron dont il eft queftion dans la même page du texte, trois ou quatre lignes plus haut que l'indication de la note, avoit mérité à vingt ans la Croix de S. Louis & un commandement de Volontaires. Il mourut à vingt & un des bleffures qu'il avoit, reçues à la Bataille de Raucoux. Son éloge imprimé en 1771 à l'Imprimerie Royale, pour les Eléves de l'Ecole Militaire, fut tranfcrit en 1779, dans le fecond tome des *Faftes Militaires*. C'eft ainfi qu'à Arras, en 1654, s'étoit illuftré dans fa vingt-fixieme année un Capitaine d'Infanterie, lequel étant hors de la Ville, lorfqu'elle fut inveftie par les Ennemis, s'y jetta en habit déguifé, y fervit pendant tout le fiége avec une valeur diftinguée, foutint dans un pofte avancé, & avec une poignée de monde, une attaque des plus vives la derniere nuit du fecours, & reçut plufieurs coups de feu dont il mourut peu de jours après, en remerciant Dieu du fuccès de nos Armes. Louis XIV lui avoit fait dire qu'il le remercioit de fon intrépidité, & qu'il penfât à fe rétablir pour en recevoir la récompenfe. Le Vicomte de Turenne, & le Cardinal Mazarin l'envoyerent auffi vifiter. Il étoit de la Maifon de ce Capitaine de Cavalerie, (maintenant Brigadier des Armées,) qui n'ayant qu'environ 19 ans fauva le 15 Mars 1748, le convoi de Berg-Op-zoom, par une manœuvre habile & courageufe, dont quelques-uns de ceux qui le combattoient me parloient encore avec admiration dans une Ville des Pays-Bas Autrichiens, où j'eus occafion de les voir en 1773. Étonné du filence que garde fur cette action la belle Hiftoire du Marechal de Saxe, par M. le Baron d'Efpagnac, j'ai cru devoir la retracer fous le Régne qui fait apprécier l'héroïque dévouement du Chevalier d'Affas. En confignant ici le beau trait du ravitaillement de Berg-Op-zoom, & m'abftenant d'en nommer un des principaux Coopérateurs, j'ai tâché de concilier l'intérêt du lecteur, & les égards dus à la délicateffe & à la modeftie d'un homme vivant. Mais il me fera permis de rappeller que feu M. Blanchard-de-la-Buharaye, Gentilhomme Breton, digne émule & compatriote du Chevalier de Talhouet-Grationnais, fi connu dans cette guerre, acquit en cette même occafion beaucoup de gloire & rendit les plus grands fervices.

P. S. Nous recevons avec l'épreuve de cette note, la gazette de France de 760. Elle mentionne une rencontre du 16. Juillet dans laquelle MM. de l'air & de Saint Victor fe diftinguerent; mais elle ne dit rien de la derniere Vion ni de la mort du premier.

act
DIXIEME ET DERNIERE NOTE.

QUAND même on ne verroit jamais la fupériorité de mérite compenfer l'inutilité des grades, il nous femble que les véritables Gens de Lettres mériteroient bien de la Patrie en général & du Militaire en particulier, s'ils confacroient de temps en temps leur plume à préferver de l'oubli quelques-uns de ces hommes diftingués par les talens & confondus par les emplois, defquels on peut dire en fait de célébrité :

> *Apparent rari nantes in gurgite vafto.*
> Bien peu furnageront fur un gouffre fi vafte.

Une affemblée d'Etats dont nous avons l'honneur d'être Membre, a fenti l'utilité (a) de ce plan, déja indiqué par l'illuftre Auteur d'un livre à l'ufage de l'Ecole Militaire, déja pratiqué depuis plufieurs fiecles dans une République de l'Europe, & dont Periclés a donné chez les Anciens la plus heureufe & la plus mémorable exécution.

(a) L'Orateur nommoit l'Officier-Auxiliaire à côté du Chef d'Efcadre, le Garde-Marine ou le Sous-Lieutenant d'Infanterie avec le Général.

C'eſt dans cet eſprit que pendant l'hiver de 1766 à 1767, conſultant plus notre zele que nos forces, nous nous rendîmes aux invitations obligeantes du Régiment où nous ſervions alors, & raſſemblâmes quelques uns des matériaux, que M. de Rouſſel demandoit pour compoſer l'hiſtoire de ce Corps. Au plaiſir de rapeller des actions honorables & les noms de leurs Auteurs, depuis le Colonel juſqu'au Recrue, ſe joignoit celui de les propoſer comme autant d'exemples inſtructifs & encourageans. Nous ignorons le ſort de ce Manuſcrit, qu'un camarade s'étoit chargé de perfectionner & de faire paſſer à MM. les Auteurs, Editeurs, ou Rédacteurs de l'Hiſtoire des Régimens. Si par haſard ce préſent opuſcule leur tombe entre les mains, nous allons tâcher de les remettre ſur la voie, en leur diſant que nous étions alors en garniſon dans une Ville, qui paſſe pour la premiere qu'on ait fortifiée dans les Pays-bas, à la moderne, bien qu'on y trouve des orillons, dont l'invention eſt poſtérieure de quelque temps à celle des baſtions.

Nous ſupplions nos Généraux, Commandans, égaux ou inférieurs au Service, de n'attribuer la longueur de cette note & des précédentes, qu'à la vraie ſatisfaction de nous entretenir avec eux & de les conſulter ſur ce qui les intéreſſe. C'eſt à leurs lumieres que nous allons ſoumettre cette lettre écrite il y a quelques années à un homme puiſſant, qui n'auroit peut-être pas ſi étrangement ou ſi cruellement fruſtré les eſpérances que la Patrie fondoit ſur ſon élévation, s'il n'y étoit parvenu trop tard, & dans le temps où ſes facultés intellectuelles ſe reſſentoient du dépériſſement de ſon Phyſique.

MONSEIGNEUR,

Le Général-Miniſtre, qui a fait reſpecter les armes Françoiſes en temps de Guerre, ſaura rendre à l'état Militaire en tems de Paix, (1775) la conſidération que l'opulence envahit tous les jours, & s'arroge excluſivement. Cette contagion, plus funeſte encore dans notre état que dans les autres (b), à gagné les

---

(b) Ce ſentiment s'eſt trouvé conforme à celui de l'Auteur & du Commentateur des Mémoires attribués au feu Comte de Saint Germain. Malheureuſement pour l'Etat & pour lui-même, ce Miniſtre mélancolique & miſantrope eut le malheur de ne pas croire à la vertu, à prendre ce mot dans ſa véritable acception. Croire tous les hommes bons, les croire tous méchans ſont deux extrémités également préjudiciables.

Les définitions, diſoit le ſage Loke, empêchent les diſputes. Par vertu, nous entendons un penchant inaltérable à la bienfaiſance & à la juſtice, une diſpoſition ſincere & conſtante à conformer ſes déſirs, à ſubordonner ſes gouts à ſes devoirs, à préférer le bien général à l'utilité particuliére, en un mot, un amour actif & éclairé de l'ordre & de la félicité publique. Cette régle de morale & de conduite conſtitue ſelon nous la plus haute & la véritable vertu; elle devient Religion quand elle eſt fortifiée par la conſidération d'une autre vie, ſanctifiée par l'eſpérance en Dieu, par le rapport de nos penſées & de nos actions à l'Être Suprême. Il ſuit de ce principe évident & inconteſtable que ſi ce n'étoit une abſurdité choquante & palpable, ce ſeroit une impiété noire, une atroce & vile calomnie de taxer d'irréligion quiconque eſpere en Dieu & croit à la vertu.

Par décence & reſpect nous nous abſtiendrons de parler des myſteres ineſſables, des dogmes ſacrés, qui ne ſont ni de notre ſujet ni de notre compétence......

    Non tali auxilio, nec defenſoribus iſtis
    Tempus eget.

Boſſuet après avoir conſacré ſa vie à l'examen de ces profondeurs, s'écrioit que la foi la plus ſimple valoit mieux que les plus ſubtiles explications, Pour moi qui dois les révérer en ſilence, & ne pas imiter la témérité d'Oſa,

    » On ne m'a jamais vu ſurpaſſant mon pouvoir,
    » D'une indiſcrete main profaner l'Encenſoir.

Provinces. On semble même ne pas s'appercevoir que l'avilissement des grades inférieurs réjaillit jusques sur les plus relevés.

J'ai cru le moment favorable, Monseigneur, pour faire goûter le Mémoire ci-joint d'un Roi qui promet de faire les délices de toutes les classes de son peuple, & dont la jeunesse ardente au bien peut regénérer la Nation en prouvant que l'argent n'est pas la base & le mobile de tout. C'est peut-être l'énervement des mœurs modernes qui fait regarder ce métal comme le nerf de la guerre ; & c'est aux bons Gouvernemens, ainsi qu'aux sages Particuliers, que M. Duverney disoit qu'on doit l'envisager comme moyen, mais non comme but.

Dans ce Mémoire, Monsieur le Comte, je ne traite qu'un petit objet, parce qu'il ne m'appartient sans doute pas encore de donner mes idées sur les grands ; mais ce foible objet est susceptible de bien des conséquences faciles à saisir.

L'amour de l'ordre, autant que celui de ma profession, m'a dicté ces vues. Telle est, Monsieur le Comte, ma façon d'envisager les choses ou les chimeres de ce monde. Malheur au Pays & au temps où les hommes destinés au feu ne se repaîtront plus de fumée ! Ces mêmes vues qui, pour être fort simples, n'en seront peut-être pas moins méritoires, auront vraisemblablement été proposées plus d'une fois. Mais toute vérité qui n'a pas encore produit son fruit, n'a point cessé non plus d'être neuve.

Ceci, Monsieur le Comte, n'est pas un vain prétexte pour vous rafraîchir la mémoire des objets qui me sont personnels. Quand vous daignerez lire dans mon cœur, j'espere que vous n'y verrez point les souillures de l'égoïsme. Peut-être suis-je plus en garde que qui que ce soit contre les gens à projets. C'est par des services & non par des systêmes que je tâcherai de vous faire agréer avec quelque intérêt l'hommage de mon zéle. Ma jeunesse, bientôt écoulée, n'est pas encore insensible aux élans naturels, aux illusions ravissantes de l'enthousiasme patriotique & militaire ; & l'honneur que je viens d'avoir d'être présenté au Roi, me flateroit moins si je n'en espérois la gloire de devenir utile au service de Sa Majesté.

Je suis avec un profond respect, MONSEIGNEUR, votre &c.

Suit le Mémoire.

,, E N   F R A N C E ,

,, **L**'Homme d'Eglise & l'Homme de Robe ont encore la sagesse
,, de paroître à la Cour dans leur costume. L'Homme d'épée
,, rougit du sien. Sans assujettir le Militaire à porter l'uniforme
,, ailleurs que dans les Camps & les Garnisons, ne peut-on pas
,, du moins le guérir de l'inconséquente manié de mépriser lui-même
,, l'habillement de son propre état ? Ne peut-on pas l'accueillir partout
,, aussi bien sous ce noble vêtement que sous l'habit le plus riche ?
,, Et si quelque chose pouvoit mélanger la juste satisfaction du Gen-
,, tilhomme, qui, pour la premiere fois, a l'honneur d'être pré-
,, senté au Roi, ne seroit-ce pas l'inconcevable obligation de dépouiller en
,, ce beau jour la marque caractéristique d'une des professions les plus
,, analogues à sa naissance, & à son dévouement pour Sa Majesté ?

» L'influence de ces petites choses sur les grandes, leur
» rapport mutuel, la chaîne qui les lie toutes, est assez sensible pour
» justifier cette observation. Un Ordre, un Corps, une Pro-
» fession quelconque dont le signe extérieur est avili, perd néces-
» sairement de sa considération réelle. Ce n'est pas à la Cour de
» Louis XVI qu'un Officier doit cacher son état comme un
» Gentilhomme qui navigue sur un Vaisseau Marchand, est réduit
» à cacher sa noblesse. Sous ce sage & auguste Maître, la livrée
» du luxe, loin de conserver une scandaleuse supériorité, ne
» jouira sans doute que (c) d'une simple tolérance ; la richesse
» altiere cessera de fouler la probité souffrante, l'or n'éclipsera
» plus le grade, & l'émulation tendra moins aux graces pécuniai-
» res qu'aux récompenses honorifiques ».

Un Sujet fidele, un zélé Patriote, un Militaire issu d'an-
» cienne Chevalerie, seroit-il indiscret ou coupable d'oser, avec
» la plus respectueuse confiance, adresser ce langage ingénu au
» Successeur de Philippe-Auguste & de Henry IV, au digne héritier
» de ces grands Rois, dont la magnificence Françoise n'imitoit point
» le faste Asiatique, & qui s'entouroient en temps de paix de la
» même Noblesse qui les pressoit un jour de bataille ? «

C'est décréditer l'Instruction, que paroître la donner quand on a besoin
de la recevoir. Ainsi nous opposerons la digue de la prudence au torrent
d'idées que l'amour de notre profession nous suggere. Adhérent
à cette maxime de l'Athénien Chabrias, qu'un Armée de cerfs,
commandée par un lion, est plus redoutable qu'une Armée de
lions, conduite par un cerf, nous avons pensé, qu'en exerçant
les bras, il falloit encore former les têtes, & que la Prusse
devoit ses succès autant à l'habileté pas assez reconnue de ses
Généraux, qu'à la discipline trop exaltée de ses Troupes. En
croyant qu'un Chef devoit tenir le milieu entre la foiblesse & la
dureté, qu'il pouvoit se dispenser d'être le Maître-d'Hôtel de
son Corps, mais non d'en être le pere & l'ami, qu'à la fermeté
qui soumet les esprits, il devoit joindre la politesse & la modestie
qui gagnent les cœurs ; nous protestons n'avoir eu que des
vues très-pures, très-dégagées de toute personnalité, de toute
application maligne. On nous a toujours vus également éloignés
de l'amertume du frondeur & de la bassesse de l'adulateur.

Rendons justice à nos voisins, sans nous avilir au point de les
contrefaire indistinctement en tout. Ressemblons aux anciens Romains, qui, plus d'une fois, ont copié les Gaulois nos ancêtres ;
mais qui, sans altérer l'esprit National, savoient y adapter les
bonnes méthodes qu'ils empruntoient des étrangers,

De même que la saine Politique & la science du Gouvernement
ne consistent point à changer l'esprit d'un Peuple, mais à bien ap-

____

(c) Ce n'est que depuis le bouleversement & la confusion que le système de
Lass a causé dans les mœurs, les opinions, les rangs, les alliances & les
fortunes, que des Auteurs de poids ont été faire l'apologie du luxe, qui
n'est qu'un excès de dépenses stériles ou qu'une grande disproportion des
jouissances, des consommations, & de l'éclat avec les places, la naissance,
& le revenu. On a souvent plaisanté mais jamais détruit les calculs évidens
& profonds, par lesquels les Economistes & d'autres écrivains qui n'ont de parti que
celui de la verité ou du moins de la plus grande vraisemblance, démontrent
que ce fléau politique & moral n'est que le masque & non la cause de
l'aisance, l'abus & non l'ame de l'industrie & du commerce, & qu'il dérange
cinquante personnes pour en enrichir quatre, en affamme deux mille
pour en faire subsister cent.

profondir cet (d) esprit, à tirer tout le parti possible du caractere National ; de même aussi l'habilité d'un Chef de Corps & de tout Officier en général sur ce qui concerne la connoissance & le choix des hommes, consiste à étudier les qualités de ceux qui dépendent d'eux, à tourner l'application de chaque individu vers les objets auxquels il montre le plus d'aptitude ; à se ressouvenir sur-tout que dans un inférieur jeune ou réservé, rien de plus compatible que la timidité des manieres avec le courage de l'ame, & que celui qui n'est pas flétri par l'abaissement & le malheur, ne s'énivrera point de l'élévation & de la prospérité.

Il est donc indubitable, qu'excepté les fonctions ordinaires, les obligations générales, les devoirs indispensables, en un mot, ce qui s'appelle le courant du métier, tout le reste dépend, pour le plus grand bien du service, du talent d'un Chef à connoître les hommes & à les employer. « Je veux, disoit Tay-Tsoung, Empereur de la Chine, » je veux être le pere de mon Peuple. Les Hommes sont tous » bons à quelque chose ; il ne s'agit que de discerner leur talent » & le poste qui leur est propre ».

Comme il est bon quelquefois d'aiguillonner l'amour-propre des individus pour éveiller leur industrie, nous dirions volontiers à plusieurs Subordonnés, qu'entre n'être propre qu'à une chose & n'être propre à rien, il n'y a souvent guere de différence que dans les mots, Mais, par une conséquence du même principe, nous soutiendrons aux Chefs que c'est leur affaire de démêler cette chose unique, à laquelle est propre celui qui leur (c) obéit. Il est trop vrai que la plupart des Sujets dont on dit vulgairement qu'ils ne sont bons à rien, ne deviennent véritablement tels à la longue, que par la faute des Supérieurs qui n'ont jamais sçu ou jamais voulu les charger de rien à quoi ils eussent été bons. Quelle ne seroit pas la méprise d'un Général, qui d'un Dessinateur voudroit faire un Tacticien, d'un Artilleur un Partisan, &c. & pour nous renfermer dans les détails proportionnés à notre grade, que diroit-on du Commandant d'une Troupe de Cavalerie qui chargeroit spécialement de la caisse l'Officier qui n'auroit de connoissance que sur la ferrure ; qui recommanderoit rigoureusement l'hyppostéologie à celui dont le goût & l'attention

____

(d) Voy, Montesq. Espr. des Lo. Liv, 19, La Font. dans sa Fable du *Lion s'en allant à la Guerre* ; & l'Abbé de Condillac, dans nombre de passages du *Cours d'Étude*. Et vous jeunes Princes, qui me pardonnerez en faveur du motif, la témérité de vous avoir dédié cet Opuscule, vos ames se nourriront de bonne heure des célestes maximes du Télémaque, de ce Livre incomparable, dont l'immortel Auteur mérite parmi les modernes l'épithete de *Divin*, que l'antiquité donnoit aux Homere & aux Platon. Dans cet ouvrage enchanteur & sublime écrit par les graces & dicté par la vertu, sont tracées avec autant d'onction que de noblesse, toutes les leçons convenables à toutes les circonstances, à tous les ages, à toutes les conditions ; mais sur-tout à votre auguste rang. Vos Mentors, savent mieux que personne comment l'éducation prépare, assure, ou facilite au corps, adresse, force, agilité ; à l'esprit, culture, justesse, étendue ; au cœur, énergie, droiture & sensibilité.

   Aggredere, ô magnos, aderit jàm tempus, honores,
   Cara Deûm soboles.

(c) Quelques rebutantes que paroissent les fautes, ou l'incapacité d'un sujet, ne désespérez jamais de son esprit ni de son cœur, si vous lui connoissez un petit nombre de sinceres & estimables amis, de *vrais amis*. Telle est je crois, la pierre de touche du mérite de l'humanité.

   Amitié ! doux penchant des humains vertueux,
   Le plus beau des besoins, & le plus saint des nœuds,
   Le Ciel te fit pour l'homme & sur-tout pour le sage.
       M. l'Ab. de Lille.

ſe fixeroient de préférence ſur l'exercice & la ſcience des manœuvres ? Si l'on tranſporte chaque individu hors de ſa ſphere,
ſi au lieu de mettre à profit la capacité d'un homme, on s'amuſe
à diſcuter ce qu'il n'a pas & ce qu'il devroit avoir mieux, il eſt
évident, qu'après baucoup de peines, de tracaſſeries & de mécon-
tentemens, on ne fera encore rien qui vaille. Eh ! pourquoi
ne pas aider la nature, au lieu de la forcer ? Quand vous la
chaſſeriez à coups de fourche, diſent Horace & la Fontaine, elle
reviendroit encore. Sans doute qu'un Chef agit ſagement d'exciter
l'émulation parmi les Officiers, de leur inſpirer le déſir de ſe
rendre propres à toutes les Parties de leur état, & d'en converſer
fréquemment avec eux. Mais cela ne ſuffit pas ; il faut de plus
qu'il regarde avec des yeux de Linx, qu'il pénétre, qu'il décou-
vre la portée de chacun, le genre auquel il s'attache le plus &
ſe diſpoſe le mieux : ſemblable à ces Economes prudens qui, dans
la conduite d'un ménage ou d'une entrepriſe, aſſignent à chaque
Travailleur ſon diſtrict, & ſecondent les vues du Maître, en
occupant les Serviteurs avec choix & diſcernement.

L'attention du Supérieur ſur le ſubalterne, relativement à l'objet
que nous enviſageons, doit ſe continuer gradativement juſques ſur
le Soldat. De plus, un Officier de quelque grade qu'il ſoit, pour
peu qu'il ait de lumieres, jettera de temps en temps un coup d'œil
général, mais exact, ſur tout ce qui eſt au-deſſous de lui. Cette
vigilance ſalutaire préviendra le déſordre, les abus, l'erreur,
les injuſtices.

Terminons cette multitude de digreſſions & de remarques par une
obſervation, qui tient particuliérement à notre maniere de voir &
de ſentir. Malgré l'importance que l'intérêt bien entendu de l'état
nous fait attacher à la profeſſion de le défendre, profeſſion dont
les premiers emplois nous paroiſſent naturellement dévolus, & ſpé-
cialement propres à la Nobleſſe, nous ſavons rendre juſtice à ces
Seigneurs modeſtes, à ces Gentils-Hommes cultivateurs & bien-
faiteurs, qui, tels que le *Volmar* de J. J. R., le *Laval*, de M.
Marmontel, le *Candor* de Favart, préferent la ſageſſe paiſible &
fructifiante de la vie patriarchale & champêtre au tumulte, au faſte,
& aux intrigues (a) de l'ambition.

.... *Cereris ſunt omnia munus.*

C'eſt du ſein de Cerès, que naiſſent tous les biens.

(f) Dans les Païs d'Etats & d'Aſſemblées Provinciales, Païs où le Sujet anno-
blit la ſoumiſſion & rend hommage à l'autorité, en coopérant par lui-même ou
par des Repréſentans de ſon ordre & de ſon choix, à l'adminiſtration de la choſe
publique ; dans ces heureuſes Provinces le Gentilhomme jouit, par le ſeul droit
de ſa naiſſance, d'un avantage indépendant de l'acceſſoire de la fortune & des emplois. C'eſt-là que de concert avec la dignité du Gouvernement & l'utilité des
peuples, la Nobleſſe poſſéde, au moins par intervalles, une vraie repréſentation,
tandis que ſouvent à la Cour, (à moins que d'y occuper de grandes places),
elle n'étale qu'une vaine & futile oſtention.

Voilà cent vingt-huit ans qu'à la ſuite des querelles avec un Miniſtre Italien,
les Etats de Normandie demeurent ſuſpendus au grand regret d'une Nation
polie, docile, active, induſtrieuſe & brave ; d'une Province digne d'apprécier
le mérite de ſes Souverains, & qui n'a pas applaudi la derniere aux premiers
traits de la juſtice, de la ſageſſe & de la bienfaiſance de notre jeune Salomon.
C'eſt le berceau des Hauteville, Harcourt, Trie, Beccretpin, le Veneur, Otmont, Montfort - Bertrand-Briquebec, Malet-Graville, Martel, Betencourt, Trie, Alain

Entr'autres paffages de bons Livres qui nous ferviroient d'autorités, s'il en falloit ici, nous citerions celui-ci, tiré des *Elémens de la Politique* de M. le Comte de Buat, « Je ferois même

---

Blanchart, Eftouteville, Paulmier-Gonneville, Duquefne, Coftentin-Tourville, Hennuier, Diel-du-Parquet-de-Nambuc, Huet, Bochart, la Roque, le Fevre, Segrais, Sarrazln, Malherbe, Varignon, Corneille, Eudes-Maizerai, Daniel, Caftel-Saint-Pierre, Dufour-Longuerue, Marquetel-Saint-Denis-S. Evremont, Bafnage, Launoi, Bouvier-Fontenelle, Pouffin, Anfrie-Chaulieu, le Cat; & de beaucoup d'autres Illuftres en tous genres. L'éloge de ce païs fertile en grands hommes & en bonnes productions, eft ici d'autant moins fufpect de partialité que ni l'Auteur ni fes enfans, n'y ont reçu le jour. D'autres nœuds, fans l'arracher à cette Province, l'attachent à deux autres. L'une très-célébre par les premiers exploits de l'Héroïne de Vaucouleurs, a vu naître les Suger, d'Orléans, Fougeu, Laubefpine, Amelot, Boëce, la Taille, Hurault, Petau, Du Moulin, Lamirault, Hubert, Prunelé, Bongars, le Maire, Pothier, Jouffe, Petit, d'Allonville-Louville, Colardeau, Lenfant, Laureault-Foncemagne, &c. &c. L'autre fut la Patrie des Rohan, Rieux, Guefclin, Beaumanoir, Cliffon, du Châtel, la Noue, Budes-Guebriant, Coetlogon, Dugué-Trouin, Abelard, d'Argentré, Tournemine, Hai-du-Châtelet, Hevin, le Sage, Hardouin, Lobineau, Bougeant, Pezron, Mahé-Bourdonnais, Moreau-Maupertuis, Pinot-Du-Clos, Bouguer, la Bleterie. Poullain-Sain-Foix, Montaudoin, &c. &c. Nous avons même encore formé des liens affez forts avec le païs des Jaucourt, Damas, Saulx-Tavannes, Thiard, Languet. Boffuet, Saumaife, Bouhier, la Monnoie, de Broffes, Rameau, Piron.....Ah! s'il convenoit de parler des vivans, le nom du Pline François couronneroit cette Lifte.

Lecteur qui trouverez ces excurfions un peu vagabondes, daignez vous fouvenir des premieres lignes de l'Avis préliminaire ; elles vous difpenferont de lire ces notes, ou vous difpoferont à les pardonner.

Et d'ailleurs où feroit le crime d'épier & de faifir, autant que notre fujet le comporte, toutes les occafions de retracer quelques-uns des noms qui honorent la Patrie & l'humanité ? C'eft l'efprit de plufieurs de ces notes. Quoique trop éloignés d'atteindre & même de prétendre à la gloire, nous ne cefferons de la chérir & de la refpecter dans ceux qui s'en feront rendus dignes. Sans répéter ici ce que nous avons écrit ailleurs en Profe & en Vers, fur ce fujet, bien fait pour éveiller l'imagination de tout être penfant & fenfible, nous renverrons à l'excellent article *Gloire*, fourni par M. Marmontel à l'*Encyclopédie*, & réimprimé à la fuite du *Belifaire*. La vraie Philofophie, dit M. d'Alembert, « ne confifte » point à fouler aux pieds la gloire, encore moins à le dire; mais à n'en pas » faire dépendre fon bonheur, même en tâchant de la mériter ».

Contemptâ famâ virtutes contemnuntur. TAC.

Il eft une fauffe gloire qu'il eft jufte de fuir autant qu'il eft beau de rechercher la véritable, & qui eft à celle-ci ce que la duplicité eft à la circonfpection, la chicane à la Jurifprudence, la débauche à l'amour, la fuperftition à la religion. C'eft pour ne pas s'y méprendre que nous définirions la gloire, une réunion d'eftime, de renommée & d'admiration, fondée fur des qualités à la fois fages, brillantes & utiles dans celui qui l'obtient. Ainfi, très-indubitablement, penfoient Seneque & Hume, puifque felon le premier, la gloire accompagne la vertu comme fon ombre, & que fuivant le fecond, aimer la gloire que procurent les actions honnêtes, c'eft aimer ces actions-là même.

> Già non lafciammò i dolci pegni, e'l nido
> Nativo noi (fé l' creder mio non erra).
> Ne la vita efponemmo al mare infido,
> Et a i perigli di lontana guerra,
> Per acquiftar di breve fuono un grido
> Vulgare, e poffeder barbara terra :
> Che propofto ci havremmo angufto, e fcarfo
> Premio, e in danno de l'alme il fangue fparfo,
> . . . .
> . . . .
> Quefto Campo, ò fratelli, ove hor noi fiamo
> Fia Tempio facro ad immortal memoria,
> In cui l'età futura additi, e moftri
> Le noftre fepolture, e i trofei noftri.

Gieruf. liber.: Cant. I. Str. 22, e Cant. VIII. Str. 15.

Jufqu'où nous a conduits une remarque qui paroiffoit ne devoir accu-

» fâché que, dans chaque génération, tous les Nobles fuſſent à
» la fois Guerriers. J'y voudrois des non-valeurs pour empêcher l'excès
» de l'eſprit Militaire, & afin auſſi que les familles ſe ſuccédaſſent,
» & ſe refiſſent alternativement de ſujets & de biens..... Il peut
» arriver qu'un ſeul homme paie pour deux ou trois générations »,
Homme & Citoyen, nous ſacrifierons toujours les petits intérêts
de Corps, de profeſſion, de famille & d'amour-propre aux grandes
vues de patriotiſme & de ſocialité.

C'eſt avec les ménagemens que la vérité, d'accord avec la décence,
exige pour les Ordres, les Corps, les Familles & les Citoyens,
c'eſt avec le déſir pur de ſervir nos ſemblables ſans humilier ni
flater perſonne, que nous avons repouſſé dans d'autres ouvrages
les invectives & les déclamations que ſe permettoient contre la
Nobleſſe & le Militaire quelques Écrivains, d'ailleurs eſtimables,
mais qui, prenant ici l'abus pour la choſe, & l'exception pour la
régle, ſembloient oublier premiérement [a] que l'égalité abſolue
n'eſt pas moins chimérique que la parfaite reſſemblance ; en ſecond
lieu que, tant qu'il exiſte des loups, il faut des chiens, pour
garder le Troupeau. Fortifiés par la bonté de notre cauſe contre
la ſupériorité de leurs talens, nous croyons les avoir pleinement
réfutés ſans aigreur, ſans arrogance & ſans puſillanimité. Nul
Auteur ne devroit prendre la plume que ſon cœur ne fût pénétré de cette belle maxime de M. Diderot, *C'eſt toujours la vertu,
& les gens vertueux, qu'uil faut avoir en vue quand on écrit.*

Ainſi, ne fomentons jamais ces rivalités offenſantes & inſenſées
entre des conditions & des profeſſions qui doivent fraternifer
entr'elles comme les Hommes qui les compoſent, ſans jamais
attaquer l'aîneſſe morale & civile auſſi convenable à la Société,
que l'aîneſſe phyſique eſt néceſſaire dans la Nature. En voyant
d'un œil de mépris ou de pitié le *Diego* qui voudroit toujours
prêcher ; le *Dom Quichotte* qui voudroit toujours ſe battre ; le
Dandin, qui voudroit toujours juger ; ne ceſſons de conſidérer
le but de tous les Etats, & de reſpecter le Sage par-tout. Dans le
Sacerdoce, à l'exemple des Montazet, de Lyon ; Bernis,

---

per que dix lignes ! Au reſte, en conſidérant à quel point les idées, les réflexions
les vérités ſe tiennent & ſe touchent, on ſera moins ſurpris de l'étendue & de
la variété de cette ſous-note. Lecteur, vous étiez prévenus de cette licence ou
liberté, de cette ſuite ou de ce déſordre, de ces enjambemens ou rapprochemens.
Par vous ſera prononcé l'Arrêt qui les jugera : *Regula peccatis quæ pænas irrogit æquas*.

(g) Par-tout où régne l'inégalité de fortune, celle de naiſſance également
fondée ſur le droit ſacré de propriété, forme le meilleur contrepoids &
le meilleur frein. Les apologiſtes de l'eſclavage ne cenſurent peut-être la
Nobleſſe que parce qu'elle en eſt l'oppoſé. *O miſeras hominum mentes!* Tantôt c'eſt
un Bourgeois Créole, qui traitant ſes Négres plus durement que des brutes, s'irrite de
ce que le Gentilhomme n'eſt pas au niveau du payſan. Tantôt c'eſt un ſophiſte
engoué ſans reſtriction de la prétendue félicité ſpartaine, malgré la condition
des Ilotes, & la tyrannie des Ephores ; d'autres ſe courbent devant
les grands, ſe proſternent devant les riches, & comme l'ane de la
Fable envers le Lion malade, inſultent le Gentilhomme ſans fortune & ſans
crédit, bien qu'ils n'ignorent pas que la poſtérité des premiers Seigneurs, peut un
jour deſcendre à la poſition, non pas honteuſe, mais obſcure, de ce ſimple Gentilhomme dont les ancêtres ont quelquefois tenu le rang le plus élevé. *Heu fuerunt
Troës !*

L'inſtruction pour le Code de Ruſſie, publiée en 1767 par ordre de l'Impératrice
Catherine II, établit au Chap. 20 des maximes bien conformes à nos idées ſur
la Nobleſſe.

d'Alby; d'Apchon, d'Auch; Loménie, de Touloufe; Boisgeflin; d'Aix; Themines; de Blois; Coetlofquet, de Limoges; Noé de Lefcar, & de tous ceux qui favent repandre, par leurs œuvres, leurs difcours & leurs écrits, l'onftion de la Saine Doftrine, il combattra les péchés, les erreurs & les vices, fans emportement, perfécution ni haine contre les foibles. Aux champs de bataille, ainfi que l'élite du militaire François, pour qui des aftes de barbarie & d'oppreffion ne feroient pas moins exécrables que le vol & la lâcheté, il immolera fon ennemi, en ne maudiffant que la guerre. Sur les Tribunaux, femblable aux Lamoignon, d'Agueffeau, d'Ormeffon, la Chalotais, le Berton, Servant, Blanc de Caftillon, & à tous les Défenfeurs intégres des Loix & de l'équité, il jugera les plaideurs & condamnera les coupables, en ne déteftant que la chicane & le crime.

» *Humani nihil à fe alienum putat.*

» Jufte & bon, rien d'Humain n'eft étranger pour lui

F I N.

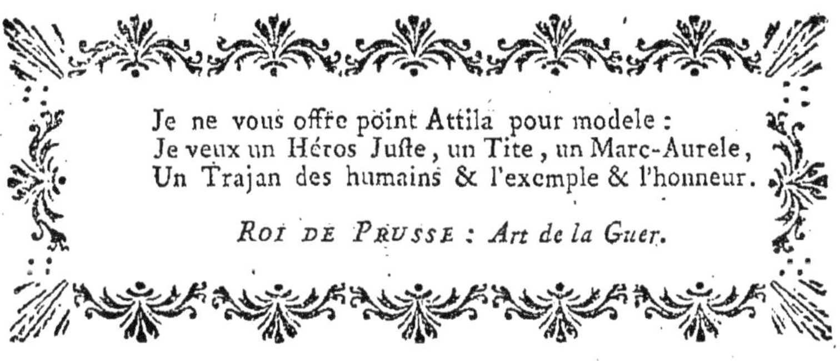

Si la vertu, le courage, & par conféquent les paffions dont les Soldats font animés, ne contribuent pas moins au gain des batailles que l'ordre dans lequel il font rangés; un Traité fur l'art de les infpirer, ne feroit pas moins utile à l'inftruftion des Généraux que l'excellent Traité de l'illuftre Chevalier Folard, fur la Taftique.

HELVET. de l'Efpr.

Ceux qui voudront nous lire, fauront nous fuppléer.
» Le fecret d'ennuyer eft celui de tout dire.

Permis d'imprimer à Rennes, ce 14 Décembre 1781. DE LA MOTTE-FABLET, Lieutenant-Général de Police.

A N N O T A T I O N.

Il étoit difficile, pour ne pas dire impossible de parler Militaire sans parler Noblesse. Le lecteur ne nous saura peut-être
pas mauvais gré de l'attention scrupuleuse, avec laquelle nous
avons combiné, respecté les droits & les avantages de tous les
Ordres, & de tous les états. Nous reconnoissons leur fraternité sans méconnoître leurs différences ; nous avons fait sentir l'unité
de la Noblesse sans en confondre les nuances ; enfin nous avons marqué
les prérogatives de l'ancienneté, l'élévation des emplois, la décoration
des titres, l'illustration des services, la distinction des alliances, tous
moyens de liaison & de compensation entre les diverses classes de ce seul
& même Corps. Nous avons combattu dans un autre ouvrage, avec
les ménagemens de la décence & la force de la vérité, les assertions
erronées de quelques Écrivains contre l'antiquité de cette institution, antiquité si bien reconnue du savant M. Court-de-Gebelin,
dans le 8ᵉ volume du *Monde Primitif*. Nous y avons sur-tout expo-
sé des plans, qui, sans favoriser la fraude ou l'usurpation, prévien-
droient certains abus vexatoires, par lesquels il en coûte quelquefois plus à l'ancienne Noblesse pour se constater, qu'à la nouvelle
pour s'acheter ; par lesquels la preuve des morts consume la subsis-
tance des vivans ; par lesquels enfin, l'on risque souvent d'humilier
ou d'indigner la postérité de cette loyale Chevalerie, qui manioit
plus ses armes que ses parchemins.

Par envie, par ignorance, ou par inconsidération, trop de frondeurs
confondent les principes qui forment la base de la société avec les
préjugés qui en font le fléau. Dans tout état qui n'a pas admis l'égalité des conditions & la communauté des biens, il importe à l'ordre,
au repos, & à la justice d'envisager du beau côté la source des
propriétés civiles. Et pour y étouffer les funestes germes de l'envie,
de la discorde & de la révolte ; on doit y considérer généralement
la fortune comme le fruit du travail, de l'intelligence, & d'une
sage économie ; la noblesse comme le prix de l'héroïsme, des talens
sublimes, & des grands services. Un Gouvernement sage préviendra
la trop grande multiplication de celle-ci, comme il réprimera les
richesses mal acquises.

« Le beau, s'il est commun, perd toujours de son prix. » VOLT.

E R R A T A.

PAGE 3, ligne 30, *eurs*, lisez *leurs*. Page 16, ligne 5, en re-montant, *Cenfeur*, lisez *Magiftrat*. Page ij, ligne 34, *Bothetel*, lisez *Boterel*. Page iij, ligne 5, en remontant, après *Carabiniers* ajoutez *avec rang de Meftre de Camp*. Page iv, ligne 3, à ces mots, *caufe de duel*, lisez en fous-note, *Voyez notre article Duel, au T. 16, de la Bibliotheque de l'Homme d'Etat*, pages 661-664. (En voici l'*errata* pour ne rien laiffer échaper ici de ce qui nous paroît intéreffer le Mi-litaire. Page 662, ligne 20, *difcuterions-nous*, lisez *difcuterons-nous*. Page 663, ligne 2, *lui*, lisez *Loi*. Même page, ligne 6, en remontant, *eft*, lisez *&*). Page ix, ligne 23, *auprès lui*. lisez *auprès de lui*. Page x, ligne 17, *Supérieurs & Subalternes*, lisez *Supérieurs, Subalternes*.

L'Auteur n'a pu demander de Cenfeur à Paris, parce qu'il étoit pour le moment éloigné de cette Capitale, & que fa pofition l'eût empêché de veiller à l'impreffion du Manufcrit, lorfqu'on le lui auroit renvoyé. D'un autre côté, les Réglemens de la Librairie lui défendoient de remplir trois feuilles entieres, s'il n'étoit pour-vu que d'une fimple permiffion de Province. Quoique fon Opuf-cule, dédié à trois Princes du *Sang*, ne foit pas de nature ou de tournure à inquiéter le plus légérement, en façon quelcon-que, ni le Gouvernement ni les Particuliers, il auroit agi contre fon devoir & fon caractere, s'il eût paru compromettre le moins du monde, foit le Magiftrat qui s'eft donné la peine d'examiner le Manufcrit, foit l'Imprimeur auquel il a infpiré la confiance de le mettre fous preffe. Ces motifs déterminans ont néceffité la petiteffe &la variation du caractere, & quelquefois le refferrement, ou même l'étran-glement de la compofition, bien qu'il y foit entré plufieurs centaines de noms cités avec honneur. D'ailleurs, on n'a tiré qu'un très-petit nombre d'exemplaires ; & fi par hafard il s'en vend, ce fera, malgré leur rareté, à un prix fi modique, qu'on recon-noîtra facilement, qu'aucune ombre de vue pécuniaire ne mêlange la pureté des juftes intentions de l'Auteur. Quiconque tâche de cultiver à la fois les Mufes & Bellone, doit mériter au moins l'indulgence du Public, en appliquant à l'Art d'écrire ces vers qu'un Poëte-Guerrier a faits fur l'art de vaincre.

> Non ce bel Art n'eft point un métier mercénaire,
> La gloire en eft l'objet, & l'honneur le falaire.
>
> Mis D. M.

P. S. N'étant pas à portée de revoir les dernieres épreuves, il pourra nous échapper d'autres légers Errata, que le Lecteur fuppléera facilement.

Cette Brochure pourra fe relier à la fuite des *Nouvelles Confti-tutions Militaires*, & l'on a obfervé le même format pour la com-modité de ceux qui poffédent ce Livre du Comte de Vair.

De l'Imprimerie de NICOLAS-PAUL VATAR, Imprimeur de Noffeigneurs les Etats de Bretagne, 1782.